本书系江苏师范大学教育学江苏省第三期优势学

精准扶智2.0研究

JINGZHUN FUZHI 2.0 YANJIU

李炎鑫　王运武　李　丹◎著

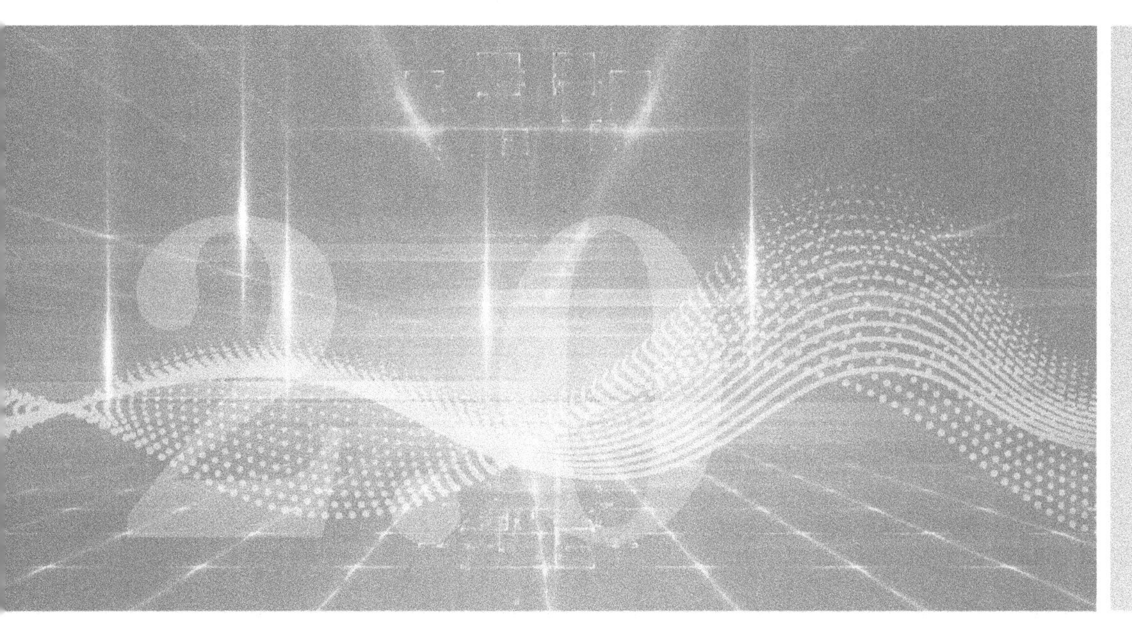

河海大学出版社
HOHAI UNIVERSITY PRESS
·南京·

图书在版编目(CIP)数据

精准扶智 2.0 研究 / 李炎鑫，王运武，李丹著. -- 南京 ：河海大学出版社，2022.11
ISBN 978-7-5630-7773-1

Ⅰ. ①精… Ⅱ. ①李… ②王… ③李… Ⅲ. ①乡村教育一教育工作一信息化一研究一中国 Ⅳ. ①G725

中国版本图书馆 CIP 数据核字(2022)第 207374 号

书　　名　精准扶智 2.0 研究
书　　号　ISBN 978-7-5630-7773-1
责任编辑　杜文渊
特约校对　崔　昊
封面设计　徐娟娟
出版发行　河海大学出版社
地　　址　南京市西康路 1 号(邮编:210098)
电　　话　(025)83737852(总编室)
　　　　　(025)83722833(营销部)
经　　销　江苏省新华发行集团有限公司
排　　版　南京布克文化发展有限公司
印　　刷　广东虎彩云印刷有限公司
开　　本　718 毫米×1000 毫米　1/16
印　　张　8.75
字　　数　152 千字
版　　次　2022 年 11 月第 1 版
印　　次　2022 年 11 月第 1 次印刷
定　　价　52.00 元

本书是“江苏高校优势学科建设工程资助项目”、2020 年度省级研究生科研与实践创新计划项目“人工智能时代中小学创新思维培养路径研究”(课题编号：KYCX20_2127)、江苏省 2017 年普通高校研究生科研创新项目“一带一路”沿线国家教育信息化发展研究(项目编号：KYCX17_1668)的研究成果。

前　言

Preface

全面建成小康社会后，我国开启了全面推进乡村振兴战略、建设社会主义现代化国家、向第二个百年奋斗目标进军的新征程。面对百年未有之大变局和新的历史使命，必须聚焦新时代对教育扶贫的新需求，强化以培养欠发达地区新一代劳动者“智”力为先的任务目标，利用教育信息化创新精准扶贫工作机制，持续全面推进乡村教育振兴赋能乡村振兴，为全球减贫事业贡献中国智慧，为全球可持续发展作出重要贡献。新的时代赋予了教育扶贫新的使命，也必然带动精准扶贫 1.0 走向精准扶智 2.0 阶段，也必然推进教育信息化在精准扶智 2.0 新跨越式应用。为引领推动精准扶智的转段升级，全面开启第二个百年奋斗目标的新征程，提出了教育信息化支持下的精准扶智 2.0 创新理念和路径策略。

目前，相关研究集中在教育信息化支持下的精准扶贫 1.0 阶段，侧重于教育经济层面脱贫，以服务于实现第一个百年奋斗目标为导向，完善贫困地区教育信息化基础设施建设和基本教育公共服务体系，让贫困地区群体享有公平而有质量的教育资源和再教育机会，促进城乡教育均衡优质发展，从而实现教育脱贫。而对于教育信息化支持下的精准扶智 2.0 阶段研究较为薄弱，亟需对其展开深入研究。教育信息化 2.0 支持下精准扶智 2.0 阶段应该侧重于“智”力层面可持续发展，以服务于实现第二个百年奋斗目标为导向，充分发挥教育信息化的发展优势如新一代智能技术，瞄准经济欠发达地区新一代劳动者面向 21 世纪可持续发展能力，推动欠发达地区教育资源优化、教育质量提升、师资水平提升、教学应用创新，提供一套完整的、高效的教育精准扶智现代化治理方案，实现人才振兴、乡村振兴，最终实现共同富裕。

在此背景下，本研究旨在探索教育信息化促进教育精准扶智路径，通过辨析教育信息化背景下精准扶贫 1.0 相关概念，创新性地提出 2.0 阶段教育信息化精准扶智内涵；通过研究我国教育信息化促进教育精准扶智的典型案例和发展现状，剖析了当前存在的现实困境，并提出建设性实施路径，以促进“十四五”期间继续巩固拓展脱贫攻坚成果，进而更好地推进乡村振兴战略的实施，促进社会主义现代化强国建设。

全书共分为7章。

第1章：教育信息化精准扶智概述。通过辨析贫困与精准扶贫、教育扶贫与教育扶智、教育精准扶贫1.0与教育精准扶智2.0、教育信息化精准扶贫1.0与教育信息化精准扶智2.0等相关概念，创新地提出教育信息化精准扶智，即教育信息化支持下的精准扶智2.0。此外，梳理了教育信息化促进教育精准扶智的领导机构变迁。

第2章：教育信息化促进教育精准扶智研究现状。通过梳理教育扶贫、教育扶智、教育信息化促进教育扶贫三个方面的研究综述，整体了解三者研究发展到什么程度；这些研究又为本研究提供了哪些具体的理论支持；以及与已有研究相比，本研究可能在哪些方面取得突破与创新。研究发现，传统的教育信息化促进教育扶贫研究集中在作用机制、实施路径和实践案例，教育信息化促进教育精准扶智研究仍旧处于初步探索阶段。

第3章：教育信息化促进教育精准扶智理论阐释。通过阐述贫困代际传递理论、人力资本理论、能力贫困理论、教育公平理论和协同理论，探索教育信息化促进教育精准扶智的理论依据。

第4章：教育信息化促进教育精准扶智典型实践案例。梳理了我国21世纪以来教育信息化促进教育精准扶智的典型实践案例，从项目背景、项目模式、项目内容、项目成效四个方面客观地描述、解释、分析和比较我国教育信息化促进教育精准扶智典型实践案例，总结教育信息化促进教育精准扶智的先进理念和实践经验。

第5章：教育信息化促进教育精准扶智发展现状。在分析教育信息化促进教育扶贫研究现状和典型案例基础上，构建了教育信息化促进教育精准扶智现状分析框架，从教育扶智、教育信息化发展、信息化支持的教育精准扶智三个维度，分析了我国教育信息化促进教育精准扶智发展现状。

第6章：教育信息化促进教育精准扶智现实困境。在分析教育信息化促进教育精准扶智发展现状的基础上，深度剖析了教育精准扶贫走向教育精准扶智的必然趋势、信息化支持的教育扶智精准度不高，教育信息化与基本公共教育服务融合度不高、教育扶智队伍信息化领导力不强、新一代信息技术应用不充分等现实困境。

第7章：教育信息化促进教育精准扶智路径策略。根据教育信息化促进教育精准扶智的典型实践案例、发展现状和现实困境，构建了教育信息化促进教育精准扶智路径框架，提出了五项相应的实施策略：超前定位教育精准扶智目标、有效落实教育精准扶智机制、重点推进教育信息化外部体系建设、适时构建全国教育精准扶智信息平台、创新应用新一代信息技术;并从政策法规、管理体制与机制、教育扶智共同体、教育扶智队伍等方面提出保障措施。

感谢河海大学出版社对本书出版的大力支持,感谢江苏师范大学陈琳教授对本书出版的资助支持,感谢昆山市周市中学为完善著作提供了实践源泉,感谢杨萍、张尧、彭梓涵、王胜远、卓文秀、周邵锦对本书给予的建设性建议,以及江苏师范大学硕士研究生王宇茹、赵璐、洪俐、陈祎雯、王藤藤、姜松雪、李雪婷对书稿校对所做的工作。

由于作者能力水平有限,书中难免会有不妥与疏漏之处,敬请各位专家批评指正。

李炎鑫

2021 年 5 月于江苏师范大学

目 录

Contents

第 1 章

教育信息化精准扶智概述

1.1 教育信息化精准扶智背景

1.1.1 新时期从扶贫开发向乡村振兴的战略转向

在“十四五规划”的开局之年，我国已完成现行标准下农村贫困人口全部脱贫，贫困县全体摘帽，区域性整体贫困基本解决。我国扶贫开发工作实现了从“输血式”走向“造血式”的转变，国民综合素质显著提升。虽然我国脱贫减贫工作取得重大成就，但仍存在三大问题需要深入思考：一是如何巩固过去脱贫攻坚成果，有效防控贫困代际传递发生；二是如何应对当下刚刚摘帽的 52 个贫困县、2707 个贫困村和 551 万人[①]，巩固拓展新取得的历史性脱贫攻坚成果；三是如何适应未来社会经济和产业变革挑战，实现整体性消除相对贫困的历史使命，走向共同富裕。针对以上问题，以习近平同志为核心的党中央作出了重大决策和超前部署。2017 年 10 月 18 日，习近平总书记在党的十九大报告中提出乡村振兴战略，随后中共中央、国务院陆续发布中央一号文件《中共中央、国务院关于深入推进农村供给侧结构性改革加快培育农业农村发展新功能的若干意见》《乡村振兴战略规划(2018—2022 年)》《中共中央、国务院关于全面推进乡村振兴加快农业农村现代化的意见》等政策文件，全面部署并推进乡村振兴战略实施。2020 年 10 月 29 日，中共中央发布的《中共中央关于制定国民经济和社会发展第十四个五年规划和二〇三五年远景目标的建议》，明确强调“实现巩固拓展脱贫攻坚

① 光明网. 国务院扶贫办：聚焦深度贫困地区带领 551 万贫困人口年底脱贫摘帽[EB/OL]. (2020-03-12)[2021-01-03]. http://news.cctv.com/2020/03/12/ARTIRIRWfibetLYK9v8Hbyaq200312.shtml.

成果同乡村振兴有效衔接”。2020 年 12 月底，脱贫攻坚收官之际，全国扶贫开发工作会议在北京召开，强调“2021 年是十四五规划开局之年，是巩固拓展脱贫攻坚成果、实现同乡村振兴有效衔接的起步之年”①。2021 年 2 月 25 日，国家乡村振兴局正式挂牌，标志着我国扶贫开发战略向“乡村振兴战略”的全面过渡。促进扶贫开发战略与乡村振兴战略的协调推进是实现“两个一百年”奋斗目标和中华民族伟大复兴中国梦的必然选择和必然要求，具有重大深远的战略意义。

1.1.2 从教育精准扶贫到教育精准扶智的历史性跨越

2010 年以来，教育扶贫成为扶贫攻坚的优先发展任务，教育精准扶贫工作大力推进，贫困群众的文化素质明显提升，义务教育控辍保学全面完成，脱贫后返贫现象有所改善，贫困代际传递也有反向良好趋势。当前，在全面建成小康社会的背景下，贫困群体的温饱问题和物质条件逐渐得以满足，强化新时期从教育精准扶贫走向教育精准扶智，实现从经济扶贫向能力扶智的目标转变，有助于人才振兴推动乡村振兴，促进社会主义现代化强国建设。贫困治理是循序渐进的过程，教育精准扶贫向教育精准扶智这一转折是从“消除绝对贫困”走向“缩小相对贫困”，从“扶教育之贫”走向“依靠教育扶智”的新征程。扶贫必扶智，治贫先治愚，教育精准扶智本质上是促进人的“知识、智力、智慧”全面发展，要求聚焦扶智对象在现实世界中生存发展的实际需求，增强其自我发展的动力和解决真实世界复杂问题的能力，使其成为“全面发展的人”。为了实现教育扶智这一目标，欠发达地区教育信息化建设要以促进扶智对象的全面发展为核心，快速转变传统的教育扶贫思路，构建面向 21 世纪的创新人才培养模式，实施新一代智能技术支持下的教育教学变革和创新创业新生态，建立以教育扶智对象为中心的智慧教育成长环境，同时还需要建立教育精准扶智现代化治理体系。进入教育精准扶智阶段必将推进实现“第二个百年奋斗目标”新征程，创造下一个中国奇迹。

1.1.3 教育信息化是助推教育精准扶智的有效手段

教育信息化是实现国家现代化的关键，具有战略性、全局性和基础性的地位②。近年来，教育信息化发展迅猛，推动着教育系统变革和人才结构变革。世界各国高度重视教育信息化在不同区域、领域的研究和应用，极大地促进了

---

① 国家乡村振兴局. 全国扶贫开发工作会议在京召开 强调乘势而上开拓奋进 实现巩固拓展脱贫攻坚成果 同乡村振兴有效衔接[EB/OL]. (2020-12-31)[2021-03-13]. https://www.huaihua.gov.cn/fpkfb/c100641/202012/73cf0ed 0e219447e94e4802caefe98d2.shtml.

② 雷朝滋. 教育信息化：从 1.0 走向 2.0——新时代我国教育信息化发展的走向与思路[J]. 华东师范大学学报(教育科学版)，2018，36(1)：98-103+164.

区域教育均衡优质发展。目前，欧美有些教育信息化发展较快的国家开始从加大投入教育硬件设施和资金，转移到传播信息化创新管理体制和创新教育模式。比如，项目式学习、探究式学习、国际化课堂等，实现跨国家、地区、团队的学习交流，提升学生的跨界协作学习能力。当前，国内已经借助教育信息化实现跨地区、跨学校的教学协作活动，旨在缓解区域、城乡、校际差异带来的师资和资源不均衡问题，促进教育公平。此外，自 2014 年，国内已经开始探索以信息化创新扶贫开发为机制，构建全国扶贫开发信息化平台，实现扶贫开发政策、资金、项目、措施的全过程监控，引导与协调相关部门的业务协作。全国政协委员、华中师范大学党委书记马敏认为，信息化教育精准扶贫大有可为①；教育部教师工作司司长任友群大力提倡以教育信息化推进贫困地区的教育精准扶贫，并提出其行动方向与逻辑②、实现路径③及推进模式④。近年来，教育信息化相关政策逐渐向贫困地区倾斜。比如，教育部 2016 年发布的《教育信息化"十三五"规划》，明确提出以教育信息化推进精准扶贫战略⑤；2018 年发布的《教育信息化 2.0 行动计划》，强调通过促进深度贫困地区教育信息化，实现网络扶智⑥。实践证明，教育信息化在教育精准扶贫创新工作机制、教育基础设施建设、教育资源共享、乡村教师培养等方面发挥着重大作用。而且，以人工智能为核心的新一代智能技术的发展，深刻地改变着社会生活，改变着世界，必将为教育精准扶智注入巨大活力。因此，教育信息化是新时代推进教育精准扶智的必然选择和重要路径。

1.2　教育信息化精准扶智的核心概念

1.2.1　贫困与精准扶贫

1. 贫困

随着人类社会的发展和进步，人们对贫困的理解不断变化，经历了"收入贫

---

① 马敏. 精准扶贫：教育信息化大有可为[N]. 人民政协报，2015-09-30(10).

② 任友群，冯仰存，徐峰. 我国教育信息化推进精准扶贫的行动方向与逻辑[J]. 现代远程教育研究，2017(4)：11-19+49.

③ 任友群，郑旭东，冯仰存. 教育信息化：推进贫困县域教育精准扶贫的一种有效途径[J]. 中国远程教育，2017(5)：51-56.

④ 任友群，吴旻瑜. "十三五"贫困县域教育信息化的推进模式研究[J]. 中国电化教育，2017(1)：1-6+26.

⑤ 教育部. 教育部关于印发《教育信息化"十三五"规划》的通知[EB/OL]. (2016-06-07)[2021-03-13]. http://www.moe.gov.cn/srcsite/A16/s3342/201606/t20160622_269367.html.

⑥ 教育部. 教育部关于印发《教育信息化 2.0 行动计划》的通知[EB/OL]. (2018-04-13)[2021-03-13]. http://www.moe.gov.cn/srcsite/A16/s3342/201804/t20180425_334188.html.

困论”“能力贫困论”和“社会排斥论”。收入贫困论于 20 世纪初期提出，英国学者 Rowntree 首次明确提出贫困是收入不能满足食品、住房、衣着等基本的生活消费，限制个体的生存发展服务和机会。能力贫困论于 20 世纪 80 年代提出，以阿玛蒂亚・森为主要代表，他认为决定贫富的重要因素是个体能力素质，强调贫困是缺乏获得需要或达到某种目标能力导致[①]。社会排斥论是在 20 世纪后期发展起来的，从经济、社会、政治等社会环境角度，认为个体因种族、性别、空间等多种社会因素在经济活动、政治等方面受到排斥。一般地，贫困概念从两个维度阐释：①绝对贫困或收入贫困，指经济收入难以满足个体或家庭的生活基本需求；②相对贫困是从社会排斥和权利剥夺的视角，在绝对贫困基本消除情况下，强调个体或家庭状况与社会平均水平的差距。通常以社会家庭或个体收入的平均值或中间值为参照，将低于这个社会参照值的个体或家庭定义为贫困。进入 21 世纪后，人们开始探索贫困的多维度测量，英国牛津大学 Alkire 教授团队创新性地提出了多维贫困指数(MPI)。MPI 指数主要从“健康、教育、生活水平”3 个维度，“营养状况、儿童死亡率、儿童入学率、受教育程度、饮用水、电、日常生活用燃料、室内空间面积、环境卫生和耐用消费品”10 个指标，反映个体或家庭在不同维度的贫困程度。据 2020 年 7 月联合国开发署发布的《全球多维贫困指数报告》显示，在 13 亿多维贫困人口中，至少 5 个指标同时被剥夺的人数占总人数的 82.3%；50%是 18 岁以下的儿童；67%位于中等收入国家；84.2%居住在农村地区[②]。

贫困线通常也从两个维度划分：一是绝对贫困线，用满足人们基本生计需要的消费或收入水平来表示，多应用于发展中国家；二是相对贫困线，以社会平均消费或平均收入水平来衡量，多应用于发达国家。早在 1990 年，世界银行首次提出每人每天 1 美元的国际贫困标准，根据当时世界最穷的 12 个国家的国家贫困线计算而来，并在 2000 年被联合国千年发展目标采用。由于各国经济水平和收入消费结构不断发生变化，世界银行根据对世界国家贫困状况的跟踪监测，也在不断调整国际贫困线。1994 年，世界银行按照 1993 年的购买力平价测算，采用世界 10 个最贫困国家贫困线的平均水平，将国际贫困线调整为每天 1.08 美元。2005 年，世界银行扩大了国家贫困调查数据库(包括 75 个国家)，以人均消费排列最低的 15 个国家贫困线得出平均值贫困线为每人每天 1.25 美元(“低贫困线”)、中位数贫困线为每人每天 2 美元(“高贫困线”)，以反映不同经济层次的贫困状况。2015 年 10 月，世界银行根据 2011 年新一轮国际比较项目(ICP)结

---

① 马新文.阿玛蒂亚・森的权利贫困理论与方法述评[J].国外社会科学，2008(2)：69-74.

② 百度.2020 年全球多维贫困指数(MPI)[EB/OL].(2020-08-13)[2021-01-03].https://baijiahao.baidu.com/s?id=1674913629644291789&wfr=spider&for=pc.

果,时隔十年首次将国际贫困标准上调为每人每天 1.9 美元,这一数据在《消除绝对贫困、共享繁荣——进展与政策》报告中公布。实际上,世界银行采用多条贫困线对不同经济发展水平国家或地区的贫困问题进行考察,当前主要采用 3 条贫困线,分别是每人每天 1.9 美元(“极端贫困线”)、每人每天 3.2 美元(“中等偏低收入贫困线”)、每人每天 5.5 美元(“中等偏高收入贫困线”)。此外,世界银行还对高收入国家的贫困标准设为每人每天 21.7 美元。

我国扶贫工作标准主要是由国家统计局测定的国家贫困线(也称“农村贫困标准”)。除了国家贫困线以外,各地区民政局针对自己的实际情况制定了地方性贫困线,即“城乡最低生活保障标准”。自 2011 年开始,我国以人均纯收入 2 300 元(2010 年不变价)作为国家贫困标准。改革开放以来,我国农村贫困标准整体呈现上升趋势,贫困人口下降速度快,贫困发生率不断降低,如表 1-1 所示。2020 年底,我国全面完成现行标准下农村贫困人口全部脱贫,提前 10 年完成了《联合国 2030 年可持续发展议程》减贫目标。

表 1-1　中国主要年份农村居民贫困情况统计(1978—2020 年)

年份	贫困标准(元/人)	贫困人口(万人)	贫困发生率
1978	100	25 000	30.7
1984	200	12 800	15.1
1985	206	12 500	14.8
1990	300	8 500	9.4
1994	440	7 000	7.7
1995	530	6 540	7.1
1997	640	4 962	5.4
1999	625	3 412	3.7
2000	625	3 209	3.5
2001	630	2 927	3.2
2002	627	2 820	3.0
2004	668	2 610	2.8
2006	693	2 148	2.3
2007	785	1 479	1.6
2008	1 196	4 007	4.2
2009	1 196	3 597	3.8
2010	1 274	2 688	2.8

续表

年份	贫困标准(元/人)	贫困人口(万人)	贫困发生率
2011	2 300	12 238	12.7
2012	2 300	9 899	10.2
2013	2 736	8 249	8.5
2014	2 800	7 017	7.2
2015	2 968	5 575	5.7
2016	3 146	4 335	4.5
2017	3 335	3 046	3.1
2018	3 535	1 660	1.7
2019	3 747	551	0.6
2020	4 000	0	0

(原始数据来源:国家统计局数据库,中国统计年鉴 2020,http://www.stats.gov.cn/tjsj/ndsj/2020/indexch.htm)

2. 精准扶贫

党的十八大以来,党中央、国务院全力推进精准扶贫工作,精准扶贫理论逐渐发展成熟,并融合到各项扶贫开发工作中。2013 年 11 月,习近平总书记在湘西考察时,首次提出扶贫要实事求是、因地制宜、分类指导、精准扶贫①。2014 年 1 月,中共中央办公厅、国务院办公厅印发了《关于创新机制扎实推进农村扶贫开发工作的意见》的通知,提出建立精准扶贫工作机制,帮扶措施精准落实到贫困村、贫困户②。此后,国家发布一系列政策文件,重新布局扶贫开发模式,加快推进精准扶贫工作机制。比如,2014 年 5 月,国务院扶贫办等七部门联合印发了《建立精准扶贫工作机制实施方案》的通知,明确精准识别、精准帮扶、精准管理、精准考核的四大精准扶贫目标任务及其对应的重点工作③。7 月,国务院扶贫办印发了《全国扶贫开发信息化建设规划》,建设全国扶贫开发信息系统,推进

① 教育部.国务院办公厅转发教育部等部门关于实施教育扶贫工程意见的通知[EB/OL].(2018-07-23)[2021-03-13].http://www.moe.gov.cn/jyb_xxgk/moe_1777/moe_1779/201309/t20130912_157306.html.

② 国务院.中共中央办公厅 国务院办公厅印发《关于创新机制扎实推进农村扶贫开发工作的意见》[EB/OL].(2014-01-25)[2021-03-13].http://www.gov.cn/zhengce/2014-01/25/content_2640104.htm.

③ 国家乡村振兴局.关于印发《建立精准扶贫工作机制实施方案》的通知[EB/OL].(2014-05-26)[2021-03-13].http://nrra.gov.cn/art/2014/5/26/art_50_23765.html.

扶贫工作科学化、规范化、精细化，实现精准扶贫[①]。2015 年 11 月，中共中央、国务院发布了《关于打赢脱贫攻坚战的决定》，将精准扶贫、精准脱贫作为基本方略和基本原则，指出精准扶贫的六项"精准"要求，即精准扶持对象、精准项目安排、精准资金使用、精准措施到户、精准因村派人和精准脱贫成效[②]。

目前，学术界主要从政策文件和领导人重要讲话切入，进一步解读精准扶贫内涵。比如，黄承伟等认为，精准扶贫是指通过对贫困人口的有效识别和动态管理，深入分析其致贫原因，并对识别出的贫困农户和贫困人口实施具体的、针对性的帮扶措施[③]。汪三贵等认为精准扶贫是指通过对贫困家庭和个体的针对性帮扶，从根本上消除贫困的各种致因和障碍，增强自主发展能力，实现可持续脱贫的目标[④]。由此可见，精准扶贫战略是一项高精度、高效化、精准化和系统化的创新扶贫开发方式，为实现贫困人口可持续脱贫奠定科学基础。本质上，精准扶贫是根据贫困地区和贫困人口的实际情况，因地、因村、因人施策，找准致贫原因，靶向治疗，做到精准认识问题，精准扶贫措施，达到精准脱贫的可持续发展目标。总之，精准扶贫是指按照一定的贫困标准，精准识别帮扶对象以及其致贫原因，做到资金、项目、措施、第一责任人到村、到户、到人精准，并动态管理扶贫效果，实现有进有出，以达到精准脱贫的可持续发展目标。

综合政策文件解读和相关文献调研来看，精准扶贫的核心思想是"四大目标和六项基本要求"，即精准识别、精准帮扶、精准管理、精准考核（"四大目标"），精准对象识别、精准项目安排、精准资金使用、精准措施到户、精准因村派人和精准脱贫成效（"六项基本要求"），它们一脉相承，相互联系，互为支撑。在扶贫开发实践中，精准扶贫工作机制已经逐渐完善并落实，如图 1-1 所示。其中，对象识别精准要求瞄准贫困户和贫困人口，在确保完成国家贫困标准识别任务下，各地根据地方实际制定贫困户、贫困村、贫困县的识别程序，确立贫困标准和规范，形成建档立卡信息库。因村派人，精准强调落实扶贫第一责任人，建立干部驻村帮扶工作机制，确保精准扶贫各项工作的实施，如选派第一书记和驻村工作队。项目安排精准要求在扶贫对象精准识别的基础上，综合扶贫对象的致贫原因分析，科学编制扶贫规划，为贫困人口提供针对性的项目

---

① 国家乡村振兴局. 国务院扶贫办关于印发《全国扶贫开发信息化建设规划》的通知[EB/OL].(2014-07-08)[2021-03-13]. http://www.cpad.gov.cn/art/2014/7/8/art_46_65366.html.

② 国务院. 中共中央 国务院关于打赢脱贫攻坚战的决定[EB/OL].(2015-12-07)[2021-03-13]. http://www.gov.cn/zhengce/2015-12/07/content_5020963.htm.

③ 黄承伟，覃志敏. 论精准扶贫与国家扶贫治理体系建构[J]. 中国延安干部学院学报，2015，8(1)：131-136.

④ 汪三贵，郭子豪. 论中国的精准扶贫[J]. 贵州社会科学，2015(5)：147-150.

帮扶。资金安排精准要求根据贫困人口的真实需求和扶持项目需要，合理分配、管理项目资金，提高扶贫效益。措施到户精准是确保扶持项目和资金安排真正让贫困户受益，保证扶贫效率，包括“发展生产、异地搬迁、生态补偿、发展教育和社会保障”五大精准措施。脱贫成效精准是在前五大精准工作基础上开展，通过全国扶贫信息网络系统对扶贫效果进行科学、精细、精准地检测、考核和评估，保证脱贫成果真实可靠，实现真扶贫、扶真贫和真脱贫。实施精准扶贫，变革我国传统“大水漫灌”为“精准滴管”扶贫方式，真正落实“扶持谁、谁来扶、怎么扶”的问题，加快实现精准扶贫、精准脱贫。

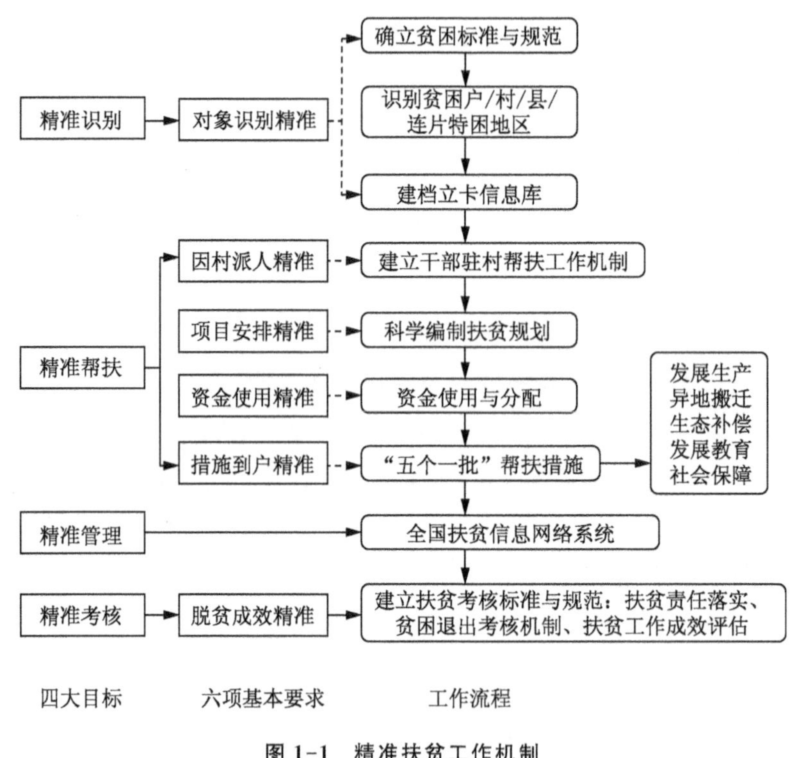

图 1-1　精准扶贫工作机制

1.2.2　教育扶贫与教育扶智

1. 教育扶贫

教育是民族振兴、社会进步的重要基石，对提高人的综合素质，促进人的全面发展具有决定性意义。教育扶贫是教育特殊功能属性与扶贫工作要求紧密结合的产物。首先，在教育的个体功能方面，教育能够帮助个体具备时代发展中所需的知识、职业技能和生活能力，与时俱进，而不被时代所淘汰或边缘化，承担相应的社会责任和社会角色。其次，教育对个体知识的储备和情感、态度、价值观的形成具有重要意义，将有利于提高个体的科学文化素养，增强其个性和能动性。再次，在教育的社会功能方面，教育能够将可能劳动力转化为现实劳动力，是劳动力再生产的重要保障，而且劳动力素质很大程度上影响生产力水平。教育能够创造、保存并传播科学文化知识，提高社会科学文化水平，推动以科技经济为主导的现代经济发展。教育倡导终身学习理念，既强调帮助成年人掌握新时代的知识和技能，具备生产生活、增加经济收入的能力，也重视培养青少年儿童成为德智体美劳全面发展的社会主义接班人和建设者，能够优化人口素质，促进人的发展，推动人类社会的进步。总之，教育是提升人力资本和改善人口素质的有效手段。

目前，学术界关于教育扶贫的理解主要形成以下三种观点：①扶教育之贫，侧重于改善贫困地区教育基础设施条件、教育资金投入、教育资源建设等，强调教育是扶贫工作的重要内容、任务和手段。②依靠教育扶智，侧重于提高贫困人口的综合素质和自我发展能力等"软件"条件，强调教育是扶贫工作的根本目的和重要路径。③教育扶贫兼有"扶教育之贫"和"依靠教育扶智"两层涵义，两者密不可分，相互关联。无论是扶教育之贫、依靠教育扶智，还是综合两种观点对教育扶贫的理解，它们最终的扶贫目标和方式都是一致的，即以教育为切入点，以提升贫困个体的综合素质为宗旨，以实现根本性脱贫为最终目标。从"扶教育之贫"走向"依靠教育扶智"是一个渐进的过程，扶教育之贫是依靠教育扶智的首要任务，依靠教育扶智是教育扶贫的根本目的[①]。教育扶贫是以消除贫困为目标，以教育为主要手段和内容而展开的教育扶贫实践[②]。教育扶贫是指通过政策倾斜、资金资源投入、人才引进、结构改革等发展经济欠发达地区的教育事业，提升贫困个体的生存技能和致富能力的扶贫方式。

2. 教育扶智

理解教育扶智的内涵，首先需要厘清"智"的本质和扶智的概念。儒家观点认为"智"指为人处世、明辨事理、认知世界的人生智慧，倡导智是人的基本道德品质之一，《中庸》中提到"知、仁、勇三者，天下之达德也"，这里的"知"即智，指为人处世的通达智慧。《庄子》中提到"智者顺时而谋，愚者逆时而动"，这里的"智者"指有大智慧的人，具备审时度势的能力和视野。民间谚语"力大养一人，智大养千人"中的"智"理解为知识文化和聪明才智。"智"有三层含义：①智慧，人能够清晰地认知事物，并具备解决或应对事物的所需能力；②知识，强调人可以通过后天努力学习获得的一切科学文化知识；③智力，指人完

① 金久仁. 教育扶贫内涵指涉与路径转型[J]. 教育与经济，2020，36(2)：10-18.

② 袁利平，丁雅施. 教育扶贫政策实施效果评估指标体系构建[J]. 教育研究，2019，40(8)：139-149.

成各项活动所需的基本能力。总之,“智”具有隐性和显性两层含义,既强调个体内隐的思维认知和道德品性,也强调个体外显的知识技能储备和问题解决能力。

结合“智”的内涵来看,扶智是指聚焦人的“智慧、知识、智力”发展的一项人力资本建设工程,强调帮助处于“智”力发展劣势地位如经济贫乏、位置偏僻、先天缺陷的个体,享有平等的能力培训机会和服务。在扶贫开发实践工作中,我国也多次强调“扶贫先扶志,扶贫必扶智”,扶智包括三个方面的内容:①扶“智力”,通过发展教育事业,使经济欠发达地区的青少年儿童享有公平优质的教育机会,阻断贫困代际传递。②扶“技能”,提升贫困成人的职业技能和自我发展能力。③扶“智慧”,通过政策引导、专家指导、典型示范等方式,帮助贫困个体增强自我脱贫意识、找准脱贫路径。

2018 年,学术界首次明确提出“教育扶智”概念,指面向教育信息化 2.0 时代的发展能力要求,即聚焦贫困人口的终身学习思想和数字化胜任力,为其提供与其他群体同样的能力素质提升的机会和服务[①]。教育扶智是教育扶贫工作的延伸,是从“扶教育之贫”走向“依靠教育扶智”的重大飞跃。为此,本研究认为,教育扶智是实现我国第二个百年奋斗目标的基础工程,即在巩固前期教育扶贫成果基础上,更加聚焦教育信息化 2.0 时代背景下经济欠发达地区学龄儿童青少年和青壮年劳动者的能力素质培养和提升。

从广义上来看,教育扶智和教育扶贫本质内涵相同,它们都是通过发展教育事业,提高经济欠发达地区人口的综合素质水平和就业创业能力,从而促进国家智力资本积累。从狭义上看,教育扶智是教育扶贫工作新的发展阶段,在国家目标、工作重点、主要目标、主要内容、主要对象、时代背景、教育信息化发展阶段以及教育领域主要应用技术等方面存在差异,如表 1-2 所示。通过辨析教育扶贫和教育扶智的内涵,结合教育扶贫工作超前部署以及实践活动调研情况,可以进一步明确教育扶智的内涵:教育扶智是以服务于实现第二个百年奋斗目标为导向,适应教育信息化 2.0 时代发展要求,通过大力推进经济欠发达地区的教育信息化发展,提升当地新一代劳动者(即学龄儿童青少年和青壮年劳动者)的面向 21 世纪可持续发展能力,形成当地稳定输出的智力资本,促进全民全面发展,最终实现共同富裕。

---

① 冯仰存,任友群.教育信息化 2.0 时代的教育扶智:消除三层鸿沟,阻断贫困传递——《教育信息化 2.0 行动计划》解读之三[J].远程教育杂志,2018,36(4):20-26.

表1-2 教育扶贫与教育扶智概念辨析

比较维度	教育扶贫	教育扶智
国家目标	到2020年,全面建成小康社会	到本世纪中叶,建成社会主义现代化强国
工作重点	侧重经济层面,消除绝对脱贫	侧重能力层面,缩小相对贫困差距
主要目标	提高贫困人口的基本文化素质和劳动者技术技能	提升经济欠发达地区新一代劳动者的可持续发展能力
主要内容	聚焦贫困人口在精神、知识、技能三方面脱贫能力提升,缩小教育差距,促进教育公平	聚焦新一代劳动者面向21世纪可持续发展能力,消除教育数字鸿沟,促进教育公平而有质量的发展
主要对象	贫困地区的学龄儿童、青少年和青壮年劳动者	经济欠发达地区的学龄儿童、青少年和青壮年劳动者
时代背景	数字时代	智慧时代
教育信息化发展阶段	教育信息化1.0	教育信息化2.0
教育领域主要应用技术	互联网、移动互联网、多媒体技术、计算机技术、卫星通信网络	人工智能、大数据、区块链、云计算、互动直播、全息投影、VR/AR、5G、WiFi6、物联网

1.2.3 教育精准扶贫1.0与教育精准扶智2.0

1. 教育精准扶贫1.0

教育扶贫是精准扶贫的基础性、根本性、先导性工程①。教育精准扶贫是新时期教育扶贫与精准扶贫的战略融合和发展要求,是实现教育扶贫领域的可持续脱贫目标。目前,关于教育精准扶贫的理解,主要从“教育扶贫”+“精准扶贫”角度解读,关注教育扶贫的精准机制落实。王嘉毅等强调,教育精准扶贫就是聚焦贫困人口对接受各级教育最突出、最迫切、最关键的问题,确保教育扶贫政策惠及贫困群体,整体提高贫困地区教育水平②。代蕊华认为,教育精准扶贫是针对不同贫困地区的教育发展状况和不同贫困人口的教育需求,运用针对性的帮扶措施,从而提高贫困人口的基本文化素质和劳动者技术技能,促进贫困人口掌握脱贫致富本领,实现可持续脱贫的目标③。

总的来说,教育精准扶贫是精准识别贫困地区和贫困人口的不同教育需求,合理安排相应的教育扶贫政策、项目、资金、人才,确保教育扶贫对象获得公平有

①② 王嘉毅,封清云,张金.教育与精准扶贫精准脱贫[J].教育研究,2016,37(7):12-21.

③ 代蕊华,于璇.教育精准扶贫:困境与治理路径[J].教育发展研究,2017,37(7):9-15+30.

质量的教育机会和服务，引导其提高综合素质和劳动技术技能的一种扶贫模式。为了解决传统粗放方式教育扶贫中对象识别不准确、措施安排不到位、成效评估不清楚、责任落实不明确等系列问题，教育精准扶贫要求明确教育扶贫中扶持谁、谁来扶、怎么扶、扶的效果如何 4 个基本问题，重点关注教育扶贫“精准机制”落实。教育精准扶智的主要内容包括教育扶贫对象识别精准、教育项目措施精准、资源配置精准、过程监管精准、教师队伍建设精准、教育扶贫效果精准①。换言之，教育精准扶贫聚焦教育扶贫对象，通过提高贫困地区教育基础实施建设和教育支持服务，有效地解决贫困地区学校条件差、教师队伍薄弱、教育资源短缺等现实问题，促进教育均衡而有质量地发展。

2. 教育精准扶智 2.0

(1) 面向 21 世纪的 12 项关键“智”力

核心素养反映 21 世纪个体应该掌握的知识、技能、态度层面的关键少数高级能力②，也是对每位公民的基本能力要求。为此，借鉴全球 21 世纪核心素养框架，将为教育扶智对象“智”力提升指引方向。

2006 年，欧盟提出“核心素养框架”，以培养公民终身学习力为出发点，统整个人、经济和社会三方面的目标和追求，尤其强调学习力、数字素养和创业精神③。欧盟核心素养框架具体包括母语交流、外语沟通、数学素养以及基本科学素养、数位素养、学会学习、社会与公民素养、企业家精神与创新能力、文化表达八项核心素养。

2009 年，美国 21 世纪学习合作组发布“21 世纪学习框架”中，要求学生个体具备学习与创新技能(批判思维和问题解决能力、创造创新能力、沟通能力、合作能力)，生活与就业技能，信息、媒介与技术技能三大学习成果，以及学习环境支持、教师专业发展、课程和教学、标准和评价四大支持系统④。

2013 年，联合国教科文组织(UNESCO)在终身学习五大支柱和基础教育阶段学生学习力研究的基础上，发布《全球学习领域框架》，提出学习方法与认知、科学与技术、文字沟通、文化艺术、数字与数学、身体健康、社会情绪七个方面的关键素养⑤。

---

① 任友群，冯仰存，徐峰. 我国教育信息化推进精准扶贫的行动方向与逻辑[J]. 现代远程教育研究，2017(4)：11-19+49.

② 褚宏启. 核心素养的国际视野与中国立场——21 世纪中国的国民素质提升与教育目标转型[J]. 教育研究，2016，37(11)：8-18.

③ 裴新宁，刘新阳. 为 21 世纪重建教育——欧盟“核心素养”框架的确立[J]. 全球教育展望，2013，42(12)：89-102.

④ 邓莉，彭正梅. 通向 21 世纪技能的学习环境设计——美国《21 世纪学习环境路线图》述评[J]. 开放教育研究，2016，22(5)：11-21.

⑤ 张娜. 三大国际组织核心素养指标框架分析与启示[J]. 教育测量与评价，2017(7)：42-49.

2013 年，日本提出“21 世纪能力”，包括具备熟练运用语言、数学、ICT 的基础能力，具备批判逻辑思维、发现并解决问题、创造力元认知、自主学习的思考能力，以及自主行动、人际关系、社会参与以及社会责任的实践能力。

2014 年，新加坡从价值观、社交和情感能力、全球化技能三个层面提出 21 世纪技能框架，要求培养自信的个体、自主的学习者、积极的贡献者和关注社会的公民①。

2005 年，经济合作与发展组织提出互动的使用工具、在社会异质群体中互动、自主行动三个方面的核心素养。2019 年，面向学生未来教育与技能，经济合作与发展组织提出了“学习框架 2030”，对学生学习与发展重新进行考察。该框架是以学习罗盘形式表现，以“能力”为磁针，以“知识、技能、态度、价值观”为 4 个维度的能力指针，以“核心基础”“变革能力”“预期—行动—反思”为同心圆式的方位盘②。

2016 年，我国提出以培养“全面发展的人”为核心的中国学生发展核心素养，具体包含人文底蕴、健康生活、科学精神、责任担当、学会学习、实践创新六大素养。

综合国内外 21 世纪核心素养框架发现，沟通与合作、数字素养、创新创造能力、批判性思维、终身学习、学习能力、社会责任和参与是 21 世纪核心素养重点内容。为此，本研究从高阶思维、自主发展、社会发展三个层面，确立了批判性思维、数字素养、问题解决能力、终身学习能力、创新创造能力、学会改变、学会规划、学会学习、沟通与协作能力、创业与就业能力、社会参与、社会责任 12 项关键“智”力，如表 1-3 所示。教育精准扶智应该面向这 12 项关键“智”力培养，实现教育扶智对象的全面发展。

(2) 教育精准扶智 2.0 的内涵

教育精准扶贫 1.0 强调“扶教育之贫”，不能准确表达新时代对“依靠教育扶智”的新需求和新要求。扶贫必扶智，治贫必治愚。教育精准扶智 2.0 是精准扶贫战略下教育领域扶贫的必然发展方向，教育扶贫必将走向教育扶智，教育扶智必将指向精准扶智。教育精准扶智 2.0 转段升级，必将乘势而上，实现巩固拓展教育脱贫攻坚成果与乡村振兴有效衔接，为欠发达地区注入智慧活力，开启全面建设社会主义现代化国家新征程。

① 刘菁菁. 新加坡发布学生 21 世纪技能和目标框架[J]. 世界教育信息，2014，27(8)：72.

② 臧玲玲. 构建新的学习生态系统——OECD 学习框架 2030 述评与反思[J]. 比较教育研究，2020，42(1)：11-18+32.

表 1-3　面向 21 世纪的 12 项关键"智"力

分类	关键能力	能力描述
高阶思维	批判性思维	能够针对各种问题现象进行合理的反思和质疑，具有一定的批判精神和思维技能
	数字素养	具备在社会活动中，自信、批判和创新性地使用信息技术的能力①
	问题解决能力	具备判断、思考、分析问题，并有效地解决问题的能力
	终身学习能力	能够不断地接受教育和学习，持续地丰富自身的知识和生存能力
	创新创造能力	能够提出具有价值的新的思想和方法，并以一定作品形式表现的能力
自主发展	学会改变	能够适应社会发展和自身发展特点，通过自我认知、他人认知、社会认知等促进自我反思，适当地做出改变的能力
	学会规划	能够对未来人生和生活做不定期的规划，并利用规划指导和提高行动效益的能力
	学会学习	能够利用现代信息技术和资源工具，选择合适的学习方式，高效且高质地学习的能力
社会发展	沟通协作能力	能够与他人进行有效的沟通和交流，建立合作关系，共同实现某个目标或某项任务的能力
	创业就业能力	具备参与或创造某一行业领域，不断提升职业素养适应工作和社会发展的能力
	社会参与	能够处理好与社会的关系，并在社会活动中实现个人价值的能力
	社会责任	具备承担处理与他人、社会、国家、国际等关系的态度情感、价值取向和行为方式综合表现的能力

针对时代要求和教育扶智对象需求，教育精准扶智 2.0 阶段的目标应该有所不同，有所侧重。广义上讲，教育精准扶智 2.0 旨在全面提升每位公民的 12 项关键"智"力，培养人人具备面向 21 世纪的基本素质，促进个体的全面发展，实现共同富裕。狭义上讲，教育精准扶智 2.0 是在巩固拓展脱贫攻坚成果，帮助薄弱地区贫困人口彻底摆脱贫困，实现乡村振兴。教育精准扶智 2.0 阶段的实施对象是经济欠发达地区的新一代劳动者，即学龄儿童青少年和青壮年劳动者。教育精准扶智 2.0 的实施范围覆盖从学前教育到高等教育全学段。教育精准扶智 2.0 的实施重难点是精准机制落实，需要抓住"扶真智、真扶智"核心，做到精准识别、精准帮扶、精准管理、精准考核。

教育精准扶智 2.0 阶段工作包括扶智对象精准识别、扶智队伍精准匹配、扶

① 任友群，随晓筱，刘新阳. 欧盟数字素养框架研究[J]. 现代远程教育研究，2014(5)：3-12.

智项目精准安排、扶智资源精准配置、扶智过程精准监管、扶智效果精准评估六项内容。精准识别扶智对象是首要环节，要求精准识别经济欠发达地区新一代劳动者，尤其是农村地区的学龄儿童青少年和青壮年劳动者，瞄准其面向 21 世纪的智力发展需求。精准安排扶智项目和精准配置扶智资源是重要内容，在识别扶智对象和诊断其发展需求基础上，因地制宜，因人施策，提供本土化、个性化、差异化的资源支持和项目安排。精准匹配扶智队伍是重要引领力量，落实第一责任人，建立结对帮扶群体，实现“优秀”与“薄弱”组织共同成长。过程动态管理是根本保障，要求实时追踪扶智对象的扶智需求、帮扶措施、帮扶路径和扶智效果，动态监测全国省市县村的教育扶智工作的实施进展和资源流动情况。精准扶智效果评价是根本目标，要求全方位、多粒度对教育精准扶智体系进行过程性和结果性评估，科学评价并预测教育精准扶智的实施状态。教育精准扶智是新时期教育扶贫工作的融合创新发展，如何从宏观、中观、微观层面统筹设计、多方协同、系统推进教育精准扶智，长效而可持续地提升扶智对象的发展能力，将是新时期乡村振兴工作面临的新的挑战。

综上所述，教育精准扶智 2.0 可以理解为教育精准扶贫 1.0 的拓展和延伸，或者是对教育扶智的精准机制渗透。教育精准扶智 2.0 是指精准识别教育扶智对象，找准扶智对象尤其是贫困人口的综合素质和就业技能发展需求，针对其知识、智能、智力等智乏原因，精准安排合适的教育扶智措施，确保教育扶智对象获得全面发展、公平优质的教育培训机会，以提高其社会生存技能和自我发展能力，实现共同富裕。

1.2.4　教育信息化精准扶贫 1.0 与教育信息化精准扶智 2.0

1. 教育信息化

教育信息化的名称最初是由日本传出，汉语翻译为“教育信息化”；英语翻译有 Education Information、Educational Informationization。教育信息化是一个过程，信息化教育是一种状态，教育信息化的结果是信息化教育，其最终目的是要实现教育现代化。教育信息化的内容非常丰富，不同的专家学者有不同的理解。教育信息化涉及教育过程信息化、教育管理信息化、教育评价信息化、教育信息化人才、教育信息化标准、教育信息化环境等内容。教育信息化是运用合适的信息技术和相关理论，在有关部门的统一组织和指导下，以提高教育管理、教学的效果和效率为目的，促进教育现代化的历史过程。

2. 教育信息化精准扶贫 1.0

教育信息化是推进精准扶贫的重要内容和重要手段。教育信息化精准扶贫的内涵主要从“扶教育信息化之贫”和“依靠教育信息化精准扶贫”两个方面进行解读，两者相辅相成，相互作用[①]。“扶教育信息化之贫”将教育信息化作为扶贫对象，旨在改善贫困地区教育信息化基础发展条件，比如贫困地区的教育信息化基础设施薄弱、数字教育资源匮乏、教师信息技术应用能力不足等方面。“依靠教育信息化精准扶贫”将教育信息化作为扶贫手段，旨在利用教育信息化提升贫困地区教育质量，比如利用信息技术促进城乡网络教研共同体的构建、促进优质数字教育资源共享共用、精准识别贫困对象、精准安排扶贫措施、动态监测教育扶贫过程、精准评估教育扶贫效果等。教育信息化精准扶贫 1.0 侧重于教育经济层面脱贫，以服务于实现第一个百年目标为导向，完善贫困地区教育信息化基础设施和基本教育公共服务体系，让贫困地区群体享有公平而有质量的教育资源和再教育机会，促进城乡教育均衡优质发展，从而实现教育脱贫。

3. 教育信息化精准扶智 2.0

“十四五”开启全面建设社会主义现代化国家、迈向第二个百年奋斗目标的新征程。新的时代要求推进国家教育治理体系和治理能力现代化，加快教育现代化和教育强国建设，促进人的全面发展，实现全体人民共同富裕。站在新的历史起点，将教育信息化作为教育现代化治理的创新驱动，聚焦新一代劳动者的新的发展需求，带动教育精准扶贫走向教育精准扶智，促进经济欠发达地区教育均衡优质发展，以人才振兴支撑引领乡村振兴，为世界减贫事业提供中国智慧和中国方案。“十三五”教育脱贫攻坚期间，教育信息化极大地促进优质数字教育资源共享，促进多元主体协同创新，缩小区域、城乡、校际间的数字鸿沟和教育差距，促进教育公平。2016 年，中央网信办、国家发展改革委、原国务院扶贫办联合印发《网络扶贫计划》，要求“实施网络扶智工程，提高贫困地区教育水平和就业创业能力”[②]。2018 年，教育部发布的《教育信息化 2.0 行动计划》明确提出，“大力支持和鼓励深度贫困地区教育信息化发展，并在网络条件下实施精准扶智，使其更好服务于国家脱贫攻坚战略部署”[③]。与教育信息化精准扶贫 1.0 不同，教育信息化精准扶智 2.0 侧重于“智”力层面可持续发展，以服务于实现第二个百年奋斗目标为导向，充分发挥教育信息化的发展优势，利用新一代智能技术，瞄准经济欠发达地区新一代劳动者面向 21 世纪可持续发展能力，推动欠发达地区教育资源优化、教育质量提升、师资水平提升、教学应用创新，提供一套完整的、高效益的教育精准扶智现代化治理方案，实现人才振兴、乡村振兴，最终实现共同富裕。

---

① 贾巍，张小佳，黄兰芳. 教育信息化精准扶贫：内涵、策略与保障机制[J]. 中国教育信息化，2020(1)：1-6.

② 国家乡村振兴局. 中央网信办、国家发展改革委、国务院扶贫办联合发文 加快实施网络扶贫行动[EB/OL]. (2016-10-27)[2021-03-13]. http://nrra.gov.cn/art/2016/10/31/art_46_55127.html.

③ 教育部. 教育部关于印发《教育信息化 2.0 行动计划》的通知[EB/OL]. (2018-04-18)[2021-03-13]. http://www.moe.gov.cn/srcsite/A16/s3342/201804/t20180425_334188.html.

1.3 教育信息化促进教育精准扶智的领导机构变迁

1.3.1 国家教育领导机构变迁

我国教育领导机构名称经历了从“中央人民政府教育部”到“中华人民共和国国家教育委员会”，再到“中华人民共和国教育部”的变迁，如图 1-2 所示。

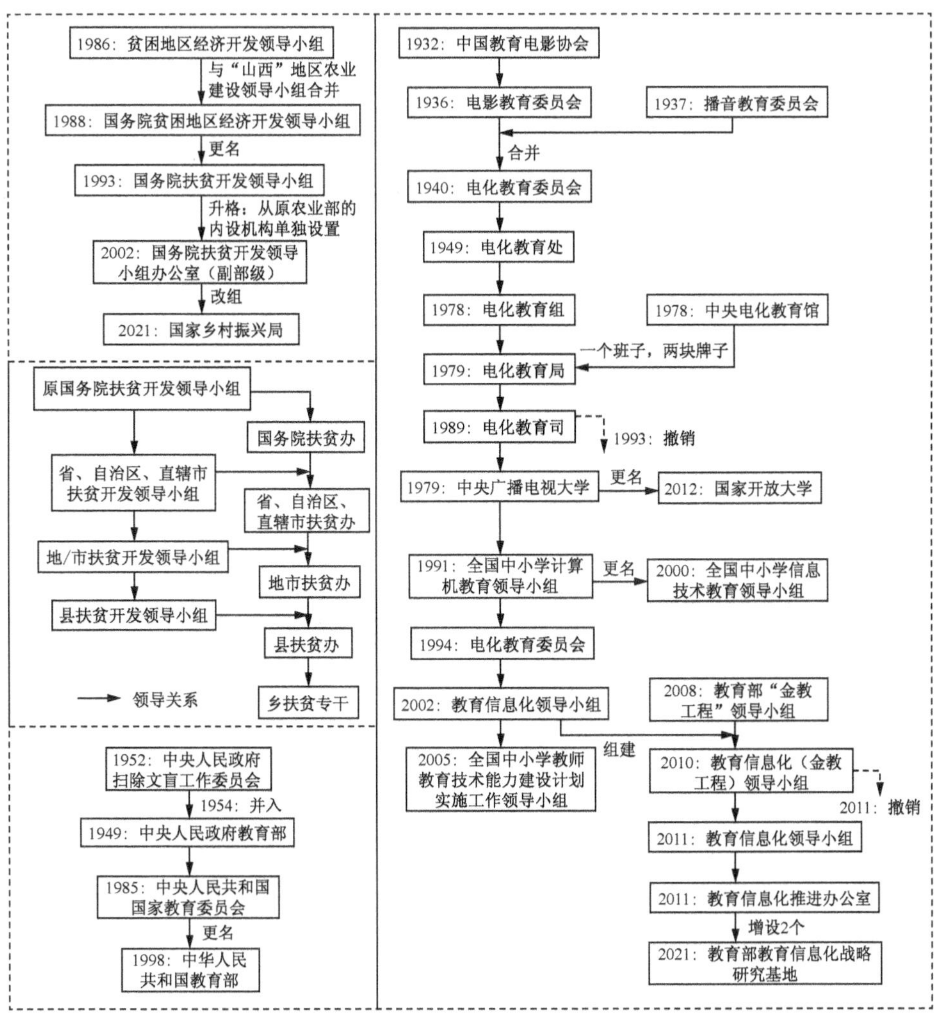

图 1-2 教育信息化促进教育精准扶智的领导机构变迁

1949 年 10 月 1 日，中华人民共和国成立，设立了中央人民政府教育部，由马叙伦担任第一任部长。1952 年 11 月，中央人民政府委员会第十九次会议决定设立全国扫除文盲的行政领导机关，即中央人民政府扫除文盲工作委员会。1954 年 11 月，扫除文盲工作委员会并入中央人民政府教育部，标志着国家对提高人口整体素质的重视。1985 年 6 月 18 日，第六届全国人大常委会第十一次会议决定撤销教育部，设立国家教育委员会。1998 年 3 月 10 日，第九届全国人大第一次会议通过最新《关于国务院机构改革的决定》，决定将国家教育委员会更名为教育部，是国务院组织部门，受国务院领导。自 1998 年以来，教育部名称一直沿用至今。

1.3.2 国家扶贫领导机构变迁

我国扶贫领导机构名称，经历了从“贫困地区经济开发领导小组”到“国务院贫困地区经济开发领导小组”，到“国务院扶贫开发领导小组”，再到“国家乡村振兴局”的变迁。

1984 年 9 月，国务院发布《关于帮助贫困地区尽快改变面貌的通知》，要求国家有关部门都指定专门负责人，规划部署、抓紧进行贫困地区帮扶计划。1986 年 5 月，我国正式成立“贫困地区经济开发领导小组”。

1988 年 7 月，贫困地区经济开发领导小组与“三西”地区农业建设领导小组合并为“国务院贫困地区经济开发领导小组”，领导小组办公室设在农业部，部分成员做了相应的调整。

1993 年 9 月，“国务院贫困地区经济开发领导小组”更名为“国务院扶贫开发领导小组”，此后领导小组成员调整只需报由领导小组组长批准。

2002 年 2 月，国务院办公厅发布《国务院扶贫开发领导小组办公室职能配置内设机构和人员编制规定》，单独设置原农业部内设机构“国务院扶贫开发领导小组办公室”，或简称为“国务院扶贫办”。国务院扶贫办内设秘书行政组、计划财务组、政策法规组、对外联络组 4 个组，下设有综合司、政策法规司、规划财务司、开发指导司、社会扶贫司、考核评估司、机关党委 7 个机构。国务院扶贫办的成立是我国扶贫开发领导机构组织走向成熟的标志。

2021 年 2 月，国务院扶贫办正式整体改组为国家乡村振兴局，保持原国务院扶贫办的人员编制、行政关系和内设机构基本不变，是由农业农村部代管的国务院直属机构。国家乡村振兴局的成立，标志着我国扶贫开发工作重心从巩固脱贫成果向乡村振兴的全面过渡。

随着扶贫开发工作的推进，国家扶贫领导组织体系进行多次整改，逐渐完善。贫困地区经济开发领导小组的成立，标志着中国有组织、有计划、大规模地推进扶贫开发工作。贫困地区经济开发领导小组成立之后，全国各省、自治区、直辖市和市、县级政府也纷纷建立相应的组织，负责推进本地的扶贫工作。由此，我国形成了从中央到地方各级扶贫领导机构的全国性扶贫工作网络，各级扶贫开发领导小组下设扶贫办公室，负责日常事务管理。中央实行分级负责，以省为主的行政领导扶贫工作责任制，国家制定教育扶贫宏观政策和战略规划，各省市根据地方实际，制定具体实施计划，再由地方各级部门具体规划和实施项目，最后由国家宏观调控并验收地方教育扶贫过程和效果。扶贫“资金、权利、任务、责任”到各省、自治区、直辖市，各省（自治区、直辖市）根据国家扶贫战略计划，制定规划，统一部署，再由地方各级部门具体实施项目。

1.3.3　国家教育信息化领导机构变迁

我国最早的教育信息化领导机构可以追溯到 1932 年成立的中国教育电影协会。为了适应教育信息化的快速发展，教育信息化领导机构经历了多次的调整和重组，比如电影教育委员会、播音教育委员会、电化教育委员会、电化教育处、电化教育组、中央电化教育馆、电化教育局、电化教育司、教育信息化领导小组、教育部“金教工程”领导小组、教育信息化推进办公室等。目前，全国教育信息化工作主要由教育部科学技术司、远程与继续教育处、全国中小学教师教育技术能力建设项目办公室、教育信息化领导小组、教育部教育信息化战略研究基地等机构共同协调推进。

1936 年 7 月，电影教育委员会成立，并在全国范围建立了 81 个电影巡回施教区。次年 7 月，播音教育委员会成立，在全国建立了 41 个播音教育指导区。

1940 年 11 月，电影教育委员会和播音教育委员会合并成立为电化教育委员会，并在社会教育司下设第三科，主管电化教育工作。

1949 年，中华人民共和国成立后，文化部下设科学普及局，局下设立电化教育处。

1978 年 2 月 24 日，教育部批准成立电化教育组。8 月，教育部直属的中央电化教育馆正式成立，专门负责推进全国电化教育工作。1979 年 1 月 4 日，教育部呈报国务院的《关于留学生管理司和电化教育局的报告》，明确指出中央电化教育馆和电化教育局（教育部归口管理学校电化教育工作的机构）一个班子、两张牌子。

1979 年 2 月 6 日，教育部直属的中央广播电视大学正式开学，标志着我国现代远程开放教育开启新篇章。2012 年 6 月，在中央广播电视大学和地方广播电视大学的基础上，组建国家开放大学。

1989 年 4 月，国家教委电化教育局改为电化教育司。1993 年 4 月，电化教育司撤销。

1991 年，全国中小学计算机教育领导小组成立。2000 年 7 月 4 日，该小组更名为全国中小学信息技术教育领导小组。

1994 年 6 月 10 日，国家教委电化教育委员会、电化教育委员会办公室成立。

2002 年 3 月 5 日，教育部发布《教育部关于印发教育信息化领导小组主要职责、成员组成、工作机构设置及教育信息化领导小组会议纪要的通知》(教人函〔2002〕3 号)，成立了以陈至立任组长的教育信息化领导小组，教育信息化工作办公室挂靠在科学技术司，具体工作由科技司承担。

2005 年 4 月 27 日，全国中小学教师教育技术能力建设计划实施工作领导小组成立，全国中小学教师教育技术能力建设项目办公室设在中央电化教育馆。

2008 年，教育部"金教工程"领导小组成立。2010 年 3 月 9 日，教育部办公厅发布《教育部办公厅关于成立教育信息化(金教工程)领导小组的通知》(教人厅〔2010〕4 号)，决定在原教育部教育信息化领导小组和教育部"金教工程"领导小组基础上，组建教育部教育信息化(金教工程)领导小组。原教育部教育信息化领导小组、教育部"金教工程"领导小组、教育部"金教工程"领导小组办公室同时撤销。原"教育信息化工作办公室"更名为"教育部教育信息化工作办公室(金教办)"，设在科技司。

2011 年 8 月 26 日，教育部办公厅发布《教育部办公厅关于成立教育部信息化领导小组的通知》(教人厅〔2011〕8 号)，决定成立教育部信息化领导小组，下设教育信息化推进办公室，具体负责教育信息化推进工作。与此同时，撤销了教育部教育信息化(金教工程)领导小组和金教办。教育信息化领导小组的成立，标志着我国教育信息化管理体制的重大变革。

改革开放以来，为了适应教育信息化的快速发展，教育信息化领导机构经历了多次的调整和重组，组织体系逐渐完善。尤其是 2002 年教育信息化领导小组的成立是我国教育信息化领导组织结构完善的标志。2011 年教育信息化推进办公室的设置，标志着我国教育信息化建设进入快速发展时期，加快落实教育信息化战略。2021 年，教育部增设 2 个教育部教育信息化战略研究基地，标志着我国全面推进教育信息化 2.0 建设新征程。

第 2 章

教育信息化促进教育精准扶智研究现状

21 世纪以来，教育信息化实现从 1.0 向 2.0 的飞跃，逐渐成为教育扶贫工作的重要组成部分，尤其是在教育资源建设与应用、乡村教师培训、传统教学变革等方面发挥重大作用。教育精准扶智是教育扶贫和教育扶智的应然发展趋势，是新时期乡村振兴战略的重大研究课题。目前，虽然关于教育精准扶智的研究较为薄弱，但相关理念已在教育扶贫和教育扶智的研究中初见雏形，在教育信息化促进教育扶贫的研究中，越来越多的研究聚焦贫困者的“智”力提升。

2.1 国内教育信息化促进教育精准扶智的研究现状

2.1.1 国内教育扶贫的研究现状

在 CNKI(中国知网)期刊文献中，以主题词“教育扶贫”检索，检索截止时间为 2020 年 6 月 10 日，发文总量已达 2 982 篇，如图 2-1 所示。国内对于教育扶贫的研究开始于 20 世纪 80 年代末。特别在 1998 年，发文量出现明显峰值现象；并且自 2012 年之后，发文量呈直线上升趋势；尤其近五年发文量高达 2 576 篇，约占文献总量的 86.38%。另外，“教育精准扶贫”和“职业教育”也成为“教育扶贫”领域研究热词。以“教育扶贫＋精准扶贫”为主题词，共检索 1 541 篇文献，高达“教育扶贫”主题文献总量的 51.68%，并且该主题研究最早发文时间是 2014 年，年发文量呈直线上升趋势。而以“教育扶贫＋职业教育”主题文献检索获得 727 篇，约占教育扶贫文献总量的 24.38%，并且自 1991 年来受到持续关注，近五年来研究热度迅速上升。

之所以出现这些现象主要有以下四个方面原因：第一，1998 年是“八七”扶贫攻坚决胜年，学界提高了教育扶贫研究热度，重点关注了教育扶贫的建设成效、问题反思和发展策略方面的研究。由于建设成效明显，成人教育扶贫也开始受到关注。第二，进入 21 世纪尤其自 2012 年以来，教育扶贫成为新时期扶贫工作的关注重点，从而促使教育扶贫研究发文量在近十年持续攀升。第三，自 2013 年起，我国大力推进“精准扶贫”工作，教育精准扶贫因此跃升为研究热词。第四，相比基础教育，职业教育具有教学周期短、见效快的优势，为此职业教育扶贫受到研究者的广泛关注。此外，国家出台各项相关政策、项目和文件，加快实施教育扶贫工程，很大程度上提升了其研究热度。

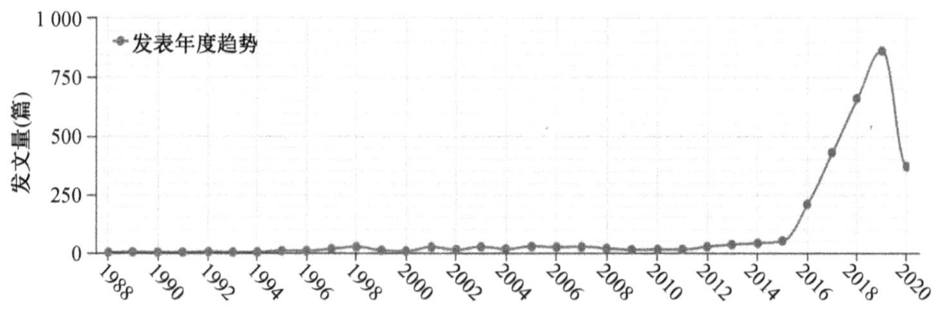

图 2-1　1988—2020 年国内关于教育扶贫研究文献数量趋势图

截至 2020 年底，在 CNKI 博硕士学位论文中，我国有关教育扶贫的博硕士学位论文约 393 篇，如图 2-2 所示，2015 年以来，文献量呈显著上升趋势。其中，2015 年以来的学位论文高达 376 篇，占博硕士学位论文总量的 95.67%；博士学位论文仅 27 篇，占 6.87%。如图 2-3 所示，从我国对教育扶贫研究的学科专业分布图可以看出：从教育经济与管理、行政管理等管理学科专业背景研究教育扶贫的博硕士学位论文高达 87 篇，约占博硕士学位总数的 22.14%；从马克思主义理论与思想政治教育、政治学理论等政治学科专业背景研究教育扶贫的博硕士学位论文多达 56 篇，约占 14.25%；从职业技术教育学、教育技术学等教育学科专业背景研究教育扶贫的博硕士学位论文多达 40 篇，约占 10.18%；而从会计学、财政学、国民经济学、区域经济学、政治经济学等经济学科专业背景研究仅 15 篇，约占 3.81%；其他对教育扶贫研究的学科专业如管理科学与工程、计算机软件与理论、科学技术哲学、社会保障、新闻传播学、民族学、社会学等学科专业背景研究 195 篇，约占 49.62%。近年来我国对教育扶贫研究逐渐深入，但在管理学、经济学、教育学等单一视角的研究存在片面性，集中在政策分析和路径策略研究，过于宏观，实证研究不足，对教育扶贫对象的微观支持不够。贫困因素是多元的，需要综合多维视角深入探索教育扶贫研究。

从文献调研情况来看,国内教育扶贫的研究具有以下特点:

(1) 研究内容偏理论而轻实践。理论研究内容多从国家政府层面给出宏观战略建议,对政府决策有一定参考价值,但由于不同贫困地区教育扶贫的差异,对实践指导意义不大。

(2) 理论研究大多集中在教育扶贫、职业教育扶贫与精准扶贫结合的研究。大多为宏观分析,并强调职业教育扶贫需要建立精准扶贫机制,而对于如何具体实施却鲜少研究。

(3) 研究领域较为集中。研究阶段集中在职业教育、成人教育和基础教育,而对于学前教育、高等教育、特殊教育方面的研究不多;研究对象聚焦于贫困学生、贫困农民以及教师,而对于校长、政府干部等领导力角色关注较少;研究地域集中在少数民族地区等深度贫困地区。

(4) 研究数量持续上升,研究内容不断深入。进入 21 世纪后,教育扶贫研究受到持续广泛地关注,而且近五年来教育扶贫研究持续火热,博硕士学位论文也在不断增多,研究视角逐渐宽广。

(5) 研究盲点仍然存在。比如,关于教育扶贫绩效评估标准和方法研究、国内外教育扶贫比较研究、教育扶贫典型实践案例研究、教育扶贫模式研究等十分匮乏。

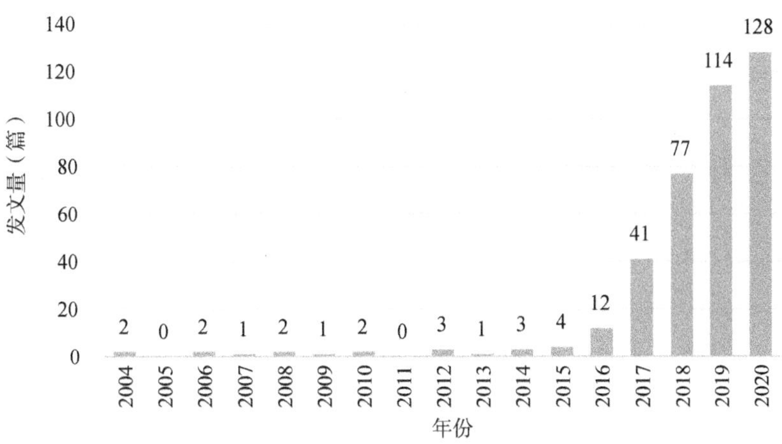

图 2-2　2004-2020 年国内教育扶贫博硕士学位论文研究数量趋势图

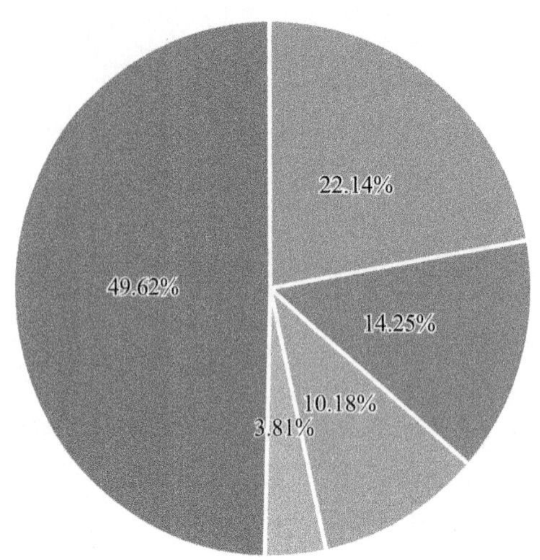

图 2-3　2004-2020 年国内教育扶贫博硕士学位论文学科专业分布图

2.1.2　国内教育扶智的研究现状

在 CNKI 期刊论文中，检索截止时间为 2020 年 6 月 10 日，以主题词"扶智"检索，发文总量是 1 085 篇，而以主题词"扶智＋扶志"检索，发文量多达 553 篇，高达扶智研究总量的 50.97%，而且两种研究都集中在近五年。出现这一现象的原因是：近年来，习近平总书记在重要会议和视察活动中多次提出"扶贫先扶志，扶贫必扶智"的重要论断，政策文件中也多次强调"扶智"与"扶志"，从而提高了"扶智"与"扶志"的关联热度。以主题词"教育＋扶智"检索，发文总量是 358 篇，最早发文时间是 1990 年。经过对以上 358 篇文献的篇名、主题、摘要等筛选和甄别，仅得到关于教育扶智方面研究的高质量文献 48 篇。2014 年以来，"扶志"与"扶智"也从教育扶贫的理论和实践中突显出来，几乎与"精准扶贫"经历相同的发展时期和发展轨迹。

通过文献研读发现，关于教育扶智研究的文章数量较少，学术性不强，且含金量不高，既缺乏顶层规划的宏观指导，也缺乏中观和微观层面的建设性意见。从研究内容来看，教育扶智相关研究大多聚焦在扶智的内涵价值，更多强调发挥"扶智"与"扶志"在脱贫攻坚中的作用，而关于教育扶智的概念、理论基础和路径模式等问题研究较少。关于"教育扶智"内涵价值研究主要集中在以下两个方面：

(1) 对于教育、扶智与扶志三者认识，普遍认可以下观点：第一，扶智是扶思想、扶知识、扶能力，立足扶贫对象的能力素质培养，增强贫困个体适应市场经济的自我生存发展能力，阻隔贫困代际传递。第二，扶智的内容和方法是教育，同时扶智与扶志是教育扶贫的内涵外延体现，都是增强贫困群体的内生动力。从扶志与扶智两者概念辨析来看,扶志强调精神脱贫,而扶智则强调能力脱贫,扶志是扶智的前提条件,扶智是扶志的有效路径。第三,教育扶贫与教育扶智没有从严格意义上进行概念辨析。从我国扶智实践来看,除了对贫困地区的物资支持和基础建设外,扶智的策略主要有思想文化宣传与教育、乡风文明建设、乡村人才振兴计划、实用技能培训以及发展农村教育事业。目前,我国实施关于扶智的项目包括深入贫困地区的"全民阅读活动""大学生村官""下派驻村书记""科技下乡""民族地区推普攻坚工程""城乡学校结对帮扶"等。

(2) 对于教育扶智的概念,众说纷纭,主要存在以下问题:第一,教育扶智的研究对象,侧重不一。研究大多关注义务教育、职业教育阶段的学生和农民,还有少数学者关注了乡村教师和政府干部等。第二,教育扶智的定位存在差异,有的学者侧重扶智促成短期实效,而有的学者则侧重发挥扶智脱贫长效机制。第三,扶智相关术语表达不一,"扶智""精准扶智""教育扶智""网络扶智"等阐释较多,而以"教育精准扶智"为关键词的研究几乎空白。

另外,我国关于教育扶智研究的硕士学位论文仅为11篇,学位授予最早时间为2017年。从学科专业背景来看,政治教育学科专业文章6篇,约占54.55%;公共管理学科专业文章2篇,约占18.18%;教育学、社会学、农学等学科专业文章各1篇。而且,我国关于教育扶智研究的博士学位论文寥寥无几。由此可见,我国教育扶智研究正处于萌芽阶段,研究数量极少,研究深度不足,大多关注对教育扶智的政策制度解读,而对教育扶智的教育属性、经济属性、技术属性等关注不够。此外,教育扶智研究需要借鉴教育扶贫的理论和实践成果,从理论探讨转向教育扶智模式构建,从而指导教育扶智实践,提高精准扶智效果。

2.1.3 国内教育信息化促进教育扶贫的研究现状

在中国期刊全文数据库中,检索时间设置为2000年1月1日至2020年6月10日,分别以"教育信息化+扶贫""信息技术+教育扶贫""互联网+教育扶贫"为组合主题词,共检索306篇。经过对篇名、主题、摘要等筛选和甄别,共得到关于教育信息化促进教育扶贫方面研究171篇有效文献。从文献内容调研来看,该领域研究主要集中在教育信息化促进教育扶贫的作用机制、实施路径与模式、实践案例三个方面。

1. 教育信息化促进教育扶贫的作用机制研究

教育信息化促进教育扶贫的可行性分析和优势分析是该领域重要的研究方向。在可行性分析方面,研究主要集中在针对"教育信息化+教育扶贫"的发展现状,分析教育信息化促进教育扶贫的可行性。代表性研究有:沈费伟[①]、江吉

① 沈费伟.教育信息化:实现农村教育精准扶贫的战略选择[J].中国电化教育,2018(12):54-60.

林[1]认为,教育信息化有助于培养贫困地区创新人才、树立贫困人口脱贫信心、缩小城乡教育差距。在优势分析方面,国内研究者普遍认可教育信息化促进教育扶贫精准发力。代表性研究有:王卫军[2]、任友群[3][4]、方慧[5]等认为信息化能促使教育扶贫精准发力。

2. 教育信息化促进教育扶贫的实施路径与模式探索

通过样本文献研读发现,该领域研究主要是在教育信息化促进教育扶贫的可行性和现状问题分析的基础上,提出相应的实施路径模式,大多强调以教育信息化手段,创新教育扶贫工作机制,提高贫困地区师资水平,优化教育资源配置以及构建多方协同机制等。

①在创新教育扶贫工作机制方面,代表性研究有:李华[6]、雷励华[7]等根据贫困县域、民族贫困地区村小教学点、农村地区的特点,分别提出了针对性的教育信息化贫困解决方案和思路;而向磊等从信息化推进教育精准扶贫的供给机制入手,提出解决策略[8];王文君等提出了信息技术推动教育精准扶贫的五大工作机制[9]。②在提高贫困地区师资水平方面,代表性研究有:安富海提出"互联网+"环境下民族地区教师专业成长的路径[10];梁文鑫[11]、孙众[12]、张晓娟[13]等提出"互联网+"时代乡村教师精准扶智的发展模式;张海珠等构建了乡村教师班级

---

① 江吉林."互联网+"背景下职业教育扶贫:行动逻辑、现实困境及变革路径[J].黄冈师范学院学报,2019,39(1):61-65.

② 王卫军,韩春玲,蒋双双.教育精准扶贫对教育信息化的价值求索[J].电化教育研究,2017,38(10):57-61.

③ 任友群,冯仰存,徐峰.我国教育信息化推进精准扶贫的行动方向与逻辑[J].现代远程教育研究,2017(4):11-19+49.

④ 任友群,郑旭东,冯仰存.教育信息化:推进贫困县域教育精准扶贫的一种有效途径[J].中国远程教育,2017(5):51-56.

⑤ 方慧.以信息化推进职教精准扶贫的机制与路径[J].教育与职业,2018(10):42-48.

⑥ 李华,刘宋强,宣芳,等.教育信息化助推民族地区教育精准扶贫问题研究[J].中国电化教育,2017(12):33-40.

⑦ 雷励华,左明章.面向农村教学点的同步互动混合课堂教学模式研究[J].电化教育研究,2015,36(11):38-43.

⑧ 向磊,左明章,杨登峰,等.信息化促进教育精准扶贫供给侧改革:作用机理与实施对策[J].中国电化教育,2019(10):61-66.

⑨ 王文君,李艺华,王建明.信息技术视域下教育精准扶贫路径探析[J].电化教育研究,2017,38(11):32-37.

⑩ 安富海.学习空间支持的智力流动:破解民族地区教师交流困境的有效途径[J].电化教育研究,2017,38(9):102-107.

⑪ 梁文鑫."互联网+"时代系统视角下乡村教师精准扶智机制与路径研究[J].中国电化教育,2019(2):36-42.

⑫ 孙众."互联网+"农村教师专业发展的协同互助机制[J].电化教育研究,2019,40(5):104-110.

⑬ 张晓娟,吕立杰.精准扶贫背景下教学点教师远程培训路径探索——以SPOC引领式培训模式为支持[J].中国电化教育,2020(2):58-66.

管理能力检核模型[①]。③在优化教育资源配置方面，代表性研究有：刘洋[②]、刘忠民[③]等针对贫困地区教育资源应用现状，提出优化资源精准服务建议。④在构建多方协同机制方面，代表性研究有：陈恩伦等提出了新一代信息技术支持贫困地区教育精准扶贫的六方联动机制[④]；李梦等聚焦课堂教学构建了“地方政府、高校、基础学校”三方协同的教育精准扶贫模式[⑤]。

3. 教育信息化促进教育精准扶智的实践案例研究

目前，教育信息化促进教育扶贫的理论研究已经取得较好的实践成果，形成了可推广的典型实践案例，比如咸安模式[⑥]、井冈山模式[⑦]、上饶经验[⑧]、玉溪模式[⑨]等。国内研究者对该领域研究较多，一般是分析和总结教育信息化促进教育精准扶贫具体案例的实施过程、实践效果和实践经验，主要集中在县或区域教育信息化扶贫建设、教育教学变革、师资能力培训、教育扶贫工作机制创新等方面。

①在县/区域教育信息化建设方面代表性的研究有：孙京京等以国家级贫困县河南省三门峡卢氏县为例，总结了“互联网＋县域”精准扶贫的建设经验并提出优化建议[⑩]。高静等通过分析四川省凉山彝族自治州地区网络扶贫的成效、困境和成因，提出网络扶贫路径[⑪]。②在教育教学变革方面代表性的研究有：刘

① 张海珠，贾旭霞，靳琪，等．“互联网＋”时代乡村教师班级管理能力及素养的提升探究——基于乡村教师班级管理能力检核模型的构建[J]．远程教育杂志，2019，37(2)：102-112.

② 刘洋，林毅君．精准扶智：农村教学点在线课堂实践共同体研究——以安徽省界首市为例[J]．中小学电教，2019(10)：78-80.

③ 刘忠民．基于平台＋资源服务体系的网络扶智研究——以吉林省为例[J]．中国电化教育，2019(7)：122-126.

④ 陈恩伦，陈亮．教育信息化观照下的贫困地区教育精准扶贫模式探究[J]．中国电化教育，2017(3)：58-62.

⑤ 李梦，吴娟．“深耕课堂・三方协同”精准教育扶贫模式的构建与实践[J]．中国电化教育，2020(2)：50-57＋82.

⑥ 雷励华，左明章．面向农村教学点的同步互动混合课堂教学模式研究[J]．电化教育研究，2015，36(11)：38-43.

⑦ 梁林梅，陈圣日，许波．以城乡同步互动课堂促进山区农村学校资源共享的个案研究——以“视像中国”项目为例[J]．电化教育研究，2017，38(3)：35-40.

⑧ 任友群，冯仰存，徐峰．我国教育信息化推进精准扶贫的行动方向与逻辑[J]．现代远程教育研究，2017(4)：11-19＋49.

⑨ 任飞翔，刘德飞，吴若菡．信息化助推云南农村基础教育精准扶贫模式初探[J]．云南开放大学学报，2018，20(1)：33-38.

⑩ 孙京京，吴浩，朱铭玥，等．“互联网＋”背景下县域教育扶贫的建设经验研究——以河南三门峡卢氏县为例[J]．教育现代化，2019，6(45)：86-89.

⑪ 高静，武彤，王志章．网络扶贫的逻辑进路与现实鉴证——以凉山彝族自治州为例[J]．农村经济，2019(6)：83-90.

忠民等总结了吉林省武龙中学“互联网＋教育”的主要做法和推广经验[①]。③在加强师资能力培训方面代表性的研究有：谢治菊等总结大数据支持下的贵州省长顺县智慧教育扶贫项目实践经验[②]。黄慕雄等以华南师范大学对口帮扶西藏林芝市为例，基于设计的研究方法论提出了高校信息化精准助力深度贫困地区教师信息技术能力提升方案[③]。④在创新教育扶贫工作机制方面代表性的研究有：冯仰存等建议同步乃至超前布局新一代信息技术，以保证教育扶智的精准实施[④]。沙椠民等以四川大学和凉山州甘洛县为例，介绍了“云支教”教育扶贫模式的具体实施过程[⑤]。

我国关于教育信息化促进教育扶贫方面的博硕士学位论文非常少。目前仅检索到 2 篇博士论文：徐杉分析了教育类公益传播阻断代际贫困的传递机制，提出了优化路径[⑥]；吴秀圆基于城乡共同体的理念，提出了信息技术支持教学点质量提升和师生发展的基本思路[⑦]。

目前国内关于教育信息化促进教育扶贫的研究仍旧处于初步探索阶段，远远落后于教育信息化推进教育扶贫的建设强度。当前教育信息化促进教育扶贫的研究亟须在“量”与“质”上同步提升，在教育现代化全面推进以及教育脱贫攻坚全面完成的背景下，聚焦不同对象的多元需求，构建新时期教育信息化促进教育精准扶智的创新发展路径。整体上看，当前关于教育信息化促进教育扶贫研究还存在以下问题：

(1) 理论研究相对薄弱。虽然教育信息化促进教育扶贫研究已经受到国内学者的广泛关注，但研究主题集中在模式构建、策略分析、实践经验总结方面，对于教育信息化促进教育扶贫的理论基础研究较为薄弱。目前相关研究普遍从贫困、教育贫困寻求理论依据，一定程度上解释了教育信息化促进教育精准扶贫的原理和机制，但契合度不高，缺乏说服力。

(2) 研究领域较为集中。从研究对象来看，大多集中在基础教育和中职教育的贫困学生、贫困农民、乡村教师，而对于学前教育、特殊教育、高等教育

---

① 刘忠民，王喆．“互联网＋教育”精准扶贫助推城乡教育均衡发展——以吉林省武龙中学为例[J]．中国电化教育，2016(8)：98-101．

② 谢治菊，夏雍．大数据精准帮扶贫困地区教师的实践逻辑——基于 Y 市“大数据＋教师专业发展支持系统”的分析[J]．现代远程教育研究，2019，31(5)：85-95．

③ 黄慕雄，张秀梅，张学波，等．教育信息化校地帮扶实践设计研究——以华南师范大学对口帮扶西藏林芝地区为例[J]．中国电化教育，2019(10)：54-60＋101．

④ 冯仰存，任友群．教育信息化 2.0 时代的教育扶智：消除三层鸿沟，阻断贫困传递——《教育信息化 2.0 行动计划》解读之三[J]．远程教育杂志，2018，36(4)：20-26．

⑤ 沙椠民，瓦渣古都，吴小华．少数民族地区的教育扶贫模式创新——“云支教”初探——以凉山彝族自治州为例[J]．智库时代，2020(3)：123-124．

⑥ 徐杉．教育类公益传播阻隔代际贫困的路径探究[D]．重庆：西南大学，2017．

⑦ 吴秀圆．信息化促进教学点质量提升与师生发展研究[D]．武汉：华中师范大学，2018．

阶段研究并不多。从研究内容来看，当前关于教育信息化促进教育扶贫的模式和路径趋于相同，主要集中在创新教育扶贫工作机制、提高贫困地区师资水平、优化教育资源配置、构建多方协同机制四个方面；部分实施案例还存在千篇一律，未能凸显因地制宜、因材施教的特点，难以起到典型示范的推广作用。

(3) 研究内容深度不足，缺少实证研究。大多数研究聚焦在对教育信息化的发展优势和应用特点进行论述，并从宏观层面提出实施策略建议，缺乏实践可操作性和长效推进机制。

(4) 研究仍旧存在很多盲点，尤其针对教育信息化促进教育精准扶智研究极少，需要进一步系统而深入的研究。比如，教育精准扶智的基本内涵与特征，教育信息化促进教育精准扶智的理论基础、作用机制、实施现状、典型案例、基本思路、实施策略与保障机制以及新一代信息技术应用潜力等系列问题有待深入探讨。

2.2　国外教育信息化促进教育精准扶智的研究现状

2.2.1　国外教育扶贫的研究现状

在世界反贫困斗争的研究和实践中，教育扶贫已经成为国内外重点关注和研究的领域。一些国际组织与机构高度重视教育反贫困斗争作用，并在普及教育、促进区域教育均衡等方面为世界各国战略规划、政策制订提供重要参考和支持。

自 1990 年世界教育大会以来，联合国教科文组织(UNESCO)在教育领域的重点任务是发展基础教育、扫盲和职业技术教育培训。2000 年，UNESCO 发布了《达喀尔行动纲领》，强调普及全民基础教育，保障贫困地区儿童享有高质量基础教育，全面提升所有人的读、写、算和基本生活技能。1965 年，UNESCO 设立国际扫盲奖，以提升贫困地区妇女儿童在基本阅读、写作、运算方面的能力，至今已经颁发给 485 个具有杰出扫盲贡献的国家、机构组织和个人[①]。2015 年，UNESCO 发布的《关于职业技术教育与培训(TVET)的建议书》，提出为处境不利的弱势群体提供相关培训，促进其就业创业。2017 年，UNESCO 在《通过普及小学和中等教育来减少全球贫困》中提出，教育对于经济增长和消除贫困具有显著影响，预计所有成年人完成初中教育的情况下，全世界贫困率将减少 50%

① 联合国教科文组织. 联合国教科文组织国际扫盲奖[EB/OL]. (2018-07-06)[2021-03-13]. https://zh.unesco.org/themes/literacy/prizes.

以上[①]。

世界银行对全球教育扶贫事业起到至关重要作用。早在 1963 年，世界银行明确优先投资教育项目的政策。随后近半个世纪，世界银行发布了一系列教育战略文件，逐渐扩大教育项目的投资范围，全面覆盖从学前教育到高等教育的所有学段。近年来，世界银行尤为关注贫困地区的教育扶贫项目。2011 年初，世界银行发布的《全民学习：投资于人们的知识和技能以促进发展——世界银行 2020 年教育战略》，提出全民学习是促进国家经济持续增长和反贫困斗争的重要因素，指出了未来 10 年的教育资助理念，即"尽早投资、明智投资、全民投资"，以提高教育投资效益和学习成果。《2018 年世界发展报告：学习以实现教育的承诺》文件指出，重视提升学生学习质量，从而缩小社会差距，实现共同富裕。

此外，国际劳工组织(ILO)一直致力于推进社会公平、维护人权和劳资权益的工作。2019 年 7 月，ILO 发布的《关于劳动世界的未来百年宣言》指出，未来人人具有可持续发展能力，拥有充分、生产性、自由选择的职业和体面劳动，实现彻底消除贫困的目标[②]。同时，它强调教育和就业培训体系需要面向劳动市场需求和劳动世界的变化，通过教育和培训促进就业，尤其关注青年人就业。联合国儿童基金会(UNICEF)旨在为世界儿童创造健康发展的环境，实现儿童生命权和教育权，消除儿童的伤害和贫困。UNICEF 一直关注处于贫困地区、贫民窟的失学儿童和女童等弱势儿童群体，致力于改善他们的生活条件和教育条件。特别是 2000 年，UNICEF 牵头发起了联合国女童教育倡议，旨在保障女童和男童平等享受免费、优质的教育，解决教育中性别不平等的问题。

国外学者对教育扶贫研究也做了丰富的研究。Muhammad 等通过对贫困率较高国家印度尼西亚 2007-2017 年的年度财政数据分析发现，教育和卫生预算的增加显著降低了印度尼西亚的贫困率[③]。在教育扶贫对象方面，更加强调对贫困儿童的早期教育投入，这将对贫困儿童的未来社会成就产生深远影响。Barnett 基于 38 项关于贫困儿童早期教育项目的长期追踪研究发现，幼儿教育对儿童的认知发展和学业成就产生持续影响，为贫困儿童提供早期教育的经济

---

① 唐智彬，胡媚，谭素美. 比较视野中教育扶贫的国际经验与中国路径选择——基于主要国际组织和机构理念与行动的分析[J]. 比较教育研究，2019，41(4)：37-44.

② 国际劳工组织. 关于劳动世界的未来百年宣言[EB/OL]. (2019-06-21)[2021-03-13]. https://www.ilo.org/wcmsp5/groups/public/…ed_norm/…relconf/documents/meetingdocument/wcms_712200.pdf.

③ Muhammad S，Zulham T，Sapha D，et al. Investigating the Public Spending and Economical Growth on the Poverty Reduction in Indonesia[J]. Industrial Engineering & Management Systems，2019，18(3)：495-500.

回报远远超过其成本①。Restuccia、Urrutia 认为学前教育投资对受教育者的影响大于高等教育的投资②。Luna 和 Michela 通过对 2011 年欧盟收入和生活条件调查中代际传递模块数据分析显示,贫穷儿童期显著降低了成年期的收入水平,而教育对这种贫困代际传递的影响极大③。为此,教育扶贫工作需要从娃娃抓起,加大对贫困儿童的早期教育投入,以提高其未来成就率。

家庭因素对贫困个体的受教育程度和未来工作成就有着深远影响,是贫困代际传递的主要来源。家庭背景对个体未来劳动就业影响较大,建议为贫困家庭子女提供教育补偿④。父母的教育层次显著影响子女接受高等教育机会和教育成就。与父母的社会阶级和经济收入相比,父母的受教育水平很大程度影响子女的受教育水平,甚至决定子女未来在社会上取得的成就⑤。另外,教育在贫困农民脱贫中具有重要作用,增强农民脱贫致富能力,才是帮助贫困农民摆脱长期贫困的长效机制。Thapa 实证研究证明,持续加大农村教育、卫生基础投入有助于缩小贫困,促进农民发家致富能力的提升⑥。

综上所述,国外也极其重视教育在扶贫中的作用,普遍认可教育扶贫具有较高的回报率。教育扶贫的关键是开发人力资源,通过教育提高贫困个体的知识和生存技能,从而优化个体经济收入能力和结构,同时教育扶贫需关注家庭、社会市场等多因素影响。与我国不同的是,国外更加重视贫困地区学前教育阶段的学生,更加关注贫困家庭教育对儿童未来发展的影响。此外,国外的教育扶贫理论研究历史悠久且经验丰富,可为我国教育扶贫提供重要参考。

2.2.2 国外教育信息化促进教育扶贫的研究现状

与国内相比,国外尤其是美国、英国、日本等发达国家教育信息化起步较早,重视利用信息技术促进区域教育公平发展,在信息化基础设施建设、数字资源共享、信息化教育应用、师资培训等方面也积累了丰富的研究成果,为我国教育信息化促进教育扶贫资源建设提供了宝贵的经验。随着 21 世纪 STEM(科学、技

---

① Barnett W S . Long—term cognitive and academic effects of early childhood education on children in poverty. [J]. Preventive Medicine, 1998, 27(2):204-207.

② Restuccia D , Urrutia C . Intergenerational Persistence of Earnings: The Role of Early and College Education[J]. The American Economic Review,2004,94(5):1354-1378.

③ Luna B , Michela B . The long-run effect of childhood poverty and the mediating role of education [J]. Journal of the Royal Statistical Society Series A (Statistics in Society), 2018, 182(1):37-68.

④ Checchi D , Ichino A , Rustichini A. More equal but less mobile? Education financing and intergenerational mobility in Italy and in the US[J]. Journal of Public Economics, 1999, 74(3):351-393.

⑤ B Erzsébet, Goldthorpe J H . Decomposing 'Social Origins': The Effects of Parents' Class, Status, and Education on the Educational Attainment of Their Children[J]. European Sociological Review, 2013(5):1024-1039.

⑥ Thapa G . Rural Poverty Reduction Strategy for South Asia[J]. Working Papers, 2015:1-26.

术、工程、数学)教育和创客教育的大力推进,数字化胜任力已经成为公民必备的技能。Murphy 对澳大利亚维多利亚州高中学校相关数据统计分析发现,城市和非城市地区学生在技术教育成就方面存在较大差距,而且地理位置和社会经济地位较差的学校提供技术学科的可能性较小[①]。

早在 20 世纪 70 年代,美国阿拉斯加的教育部利用卫星技术为该州偏远地区的师生输送视音频教学资源,为阿拉斯加学习网络构建奠定良好基础[②],实现远距离的资源传输与交流。为了缩小美国农村、贫困地区学校的数字鸿沟,美国联邦政府启动教育不等折扣项目,为不同贫困程度学校提供 20%~90%的教育折扣[③]。Galvin 通过分析纽约州 20 世纪后期数字资源共享给新加坡的情况,认为数字资源共享具有灵活性、自主性、降低成本等优势[④]。为了解决贫困地区学校师资匮乏、资源不足问题,美国路易斯安那数学、科学与艺术学校通过远距离学习网络,为贫困地区学校学生提供数学、外语、科学、艺术等薄弱课程资源[⑤]。Barbour 分析了远程教育对农村学校教育变革的重要影响[⑥]。Hohlfeld 等通过对美国佛罗里达州中学七年 ICT(信息与通信技术)教育相关数据分析结果表明,不同社会经济地位(Socio-Economic Status, SES)学校数字公平性存在差异,低 SES 学校学生侧重利用技术进行练习演示活动,而高 SES 学校学生侧重利用技术进行交流创造活动[⑦]。

英国政府高度重视 ICT 在教育中的应用,鼓励学校和教育机构为学生提供网络学习空间支持,尤其是帮助弱势学生获得优质均衡的教育服务。1998 年,英国政府联合科研机构和其他组织机构创建全国学习网站,以扩大教育资源覆盖面。英国以 ICT 促进基础教育均衡发展策略主要包括提供促进学生 ICT 高

① Murphy S . Participation and achievement in technology education: the impact of school location and socioeconomic status on senior secondary technology studies[J]. International Journal of Technology and Design Education, 2020; 30 (2): 349-366.

② Bramble W J . Distance Learning in Alaska's Rural Schools[J]. Learning Tomorrow Journal of the Apple Education Advisory Council, 1986:241-256.

③ 张欣,范如涌,安宝生.中美基础教育信息化国家项目资金管理的政策分析[J].比较教育研究,2005(6):47-52.

④ Galvin P . Sharing among Separately Organized School Districts: Promise and Pitfalls[J]. Case Studies, 1986:14.

⑤ Mcbride R O , Lewis G . Sharing the Resources: Electronic Outreach Programs[J]. journal for the education of the gifted, 1993, 16(4):372-386.

⑥ Barbour M . The Promise and the Reality: Exploring Virtual Schooling in Rural Juristictions[J]. Education in Rural Australia, 2011, 21(1):1-19.

⑦ Hohlfeld A. T N, et al. An examination of seven years of technology integration in Florida schools: Through the lens of the Levels of Digital Divide in Schools[J]. Computers & Education, 2017, 113:135-161.

效学习策略、优化学生发展的 ICT 体制、重视教师的 ICT 能力培训等[①]。2009 年,英国印发的《儿童、学校与未来:构建 21 世纪学校体系》,强调学校以及相关教育组织联合办学,实现多元主体协同的教育资源共享机制,改善薄弱学校的教育质量。2014 年,英国政府发起"编码年代"政策,要求学校将程序设计纳入课程,规定 5 至 16 岁学生至少每周 1 小时程序设计训练,实现从以往教授计算机课程向培养学生计算素养的转变。2019 年,英国发布的《教育技术战略:释放技术在教育中的潜力》,从数字基础设施、数字领导力、数字基础设备产品采购、网络学习安全体系、教育科技产业、教育技术挑战和部门数字服务能力等七个方面提出行动方案,强调利用新技术促进教育行业、产业、部门发展,缩小数字鸿沟,提高教学质量[②]。战略期间,英国将实施"农村千兆联网计划",实现全国网络互连互通。

日本通过持续加强政策支持、经费投入、专项计划等,推进信息化技术设施建设、数字教育资源公共服务、师生信息素养培养、教学方式变革,促进地方教育均衡发展。为了促进贫困边缘地区教师专业发展,日本鼓励高校、公司等利用远程网络、卫星通信技术,为教师提供继续教育和专业培训,比如 1999 年启动的"L-net"教育信息卫星通信网络,旨在促进全国教育中心接收教育职员研修项目资源,促进教师专业化发展。2010 年日本总务省实施"未来学校推进事业"项目,全面改善试点学校的教育信息化水平,通过云平台服务实现试点学校数字教育资源共建共享,创新网络协作教学模式[③]。2019 年,日本文部科学省发布"GIGA 计划",将为全国 1000 万中小学生普及电脑,实现人机比例 1∶1,利用 ICT 促进学生发展。

① 费龙,马元丽.英国基础教育信息化发展研究[J].中国电化教育,2008(8):24-29.

② 王敏.英国《教育技术战略:释放技术在教育中的潜力》探析[J].世界教育信息,2019,32(17):21-27.

③ 李哲,张海."未来学校"中孕育的希望(一):破冰启航——日本总务省"未来学校推进事业"综述[J].中国信息技术教育,2013(1):117-119.

第 3 章

教育信息化促进教育精准扶智理论阐释

3.1 贫困代际传递理论

贫困代际传递(Intergenerational Transmission of Poverty)理论是西方反贫困理论的重大理论流派,最早在 20 世纪 60 年代初期提出,是从社会学阶层继承和地位获得的研究范式中发展而来。贫困代际传递是指在一定的社会阶级或家庭内部,不利的贫困要素会在代际之间延续,使后代重复前代的不利境遇,形成这种循环往复的贫困恶性循环链①。贫困代际传递理论研究最早可以追溯到马克思关于无产阶级贫困化理论的研究。无产阶级贫困化理论表明"资本积累会产生社会的两极分化",一极是财富的积累,而另一极是贫困、受劳役、道德堕落的积累,把自己的产品作为资本来生产。它揭示了贫困将在工人阶级及其家庭中代代相传的规律,即在资本主义私有制条件下,工人及其后代难以摆脱受奴役、受剥削、受压迫、受贫穷的厄运。关于贫困代际传递理论研究,众多学者也从不同角度进行分析,并形成了理论观点。贫困代际传递的问题是由社会、环境、经济、文化、家庭、个人等诸多因素共同作用的结果。

1. 社会因素

社会分层学家认为,在封闭型社会中,绝大多数的社会成员在等级有序的社会阶层中获得的社会地位主要由阶级出身和家庭背景决定。阶级继承是社会成员获得的社会地位的主要形式,子女的社会地位取决于父母的社会地位。而在开放型社会中,大多数社会成员的阶级地位主要是归功于自己通过后天努力所获得的受教育水平和技术技能水平,子女的社会地位是由自己后天努

① 李晓明.贫困代际传递理论述评[J].广西青年干部学院学报,2006(2):75-78+84.

力积累的人力资本所决定。从社会学的代际流动理论来看，贫困的代际传递问题实质上反映了社会代际之间的垂直流动率较低和流动机制不足的问题。在社会流动率较高的相对开放社会中，贫穷者及其子女通过个人努力改变贫困命运的机会更多，从而实现向上的社会流动。此外，贫穷者由于缺乏必要的社会资源和福利，被排除在一般的居住条件、社会活动和社会服务之外，而受到社会排斥。

2. 环境因素

持有环境因素观点的学者认为，恶劣的自然环境和交通条件是贫困的根源。贫困代际传递是由于贫困者与其所生活的自然环境的关系持续处于失败状态，即在一定区域范围内的人均自然资源总量匮乏。比如，人口过多导致自然环境超载和自然生态破坏，洪涝、干旱、地震等自然灾害将严重损害贫困家庭的经济根本。该观点较好地解释了人与环境的矛盾关系对贫困的影响，尤其针对一些主要依靠自然环境条件维持基本生活的贫困地区人口，贫乏的自然条件和环境也将持续影响下一代。

3. 经济因素

20世纪50年代，美国学者拉格纳·纳克斯和纳尔逊深入分析发展中国家贫困落后的原因，分别提出了贫困恶性循环理论和低水平均衡陷阱理论。纳克斯认为资本的供和需两条恶性循环链的根本原因是人均收入过低，即低收入使国家陷入贫困，低收入和贫困无法满足经济发展所需的储备，储备不足导致难以积累投资和资本，最终使国家陷入低收入、持久性的贫困。纳尔逊认为，在最低人均收入水平增长到与人口增长率相齐平的人均收入水平的过程中，存在一个“低水平均衡陷阱”。在这个陷阱中，任何超过国民最低的人均收入水平的增长将会被人口增长所抵消，而且这种均衡稳定维持在基本生存的水平上。他们都从国家层面分析了经济欠发达地区陷入贫困恶性循环的原因，归结于人均收入不足，导致资本积累和投资不足。对于家庭或个人而言，由于低技术技能水平，只能从事低生产力、低收入的工作，在维持家庭基本生活情况下，下一代的发展投资所剩无几，因此下一代陷入循环往复的人力资本投资不足问题。

4. 文化因素

“贫困文化”概念由美国奥斯卡·刘易斯提出，将贫困作为一种文化现象进行研究。他认为在长期贫困的生活状态下，贫困者形成了一套特有的文化体系、行为规范和价值观念，进而与社会其他成员在社会文化上相互隔离。贫困是一种自我维持的文化体系，表现为贫困个体屈从意识、满足于当前生活状态，也不愿意规划未来，没有实现理想的能力，甚至怀疑权威，并且贫困文化在贫困群体内部存在代代传递的现象。贫困文化一旦形成，将会对贫困群体“内部”甚至“周边”群体产生影响，尤其是在相互依赖、信任的家庭中，年轻一辈倾向于从老一辈继承其价值观、态度、思想和行为。贫困文化概念解释了在脱贫过程中贫困个体的“等、靠、要”等思想和行为，贫困地区人口安于贫困现状、不求艰苦奋进的生活态度。此外，部分贫困地区受到一些遗风陋习的影响，强烈排斥先进文化的介入。这些已经在贫困群体内化成一种思维定式、习俗观念和行为习惯，与趋于低水平的经济状态相均衡，世代相传。

5. 家庭因素

持有家庭因素观点的学者认为，贫困代际传递的原因归结于父母受教育程度、经济地位、社会关系、家庭结构以及基因遗传等家庭因素。低教育程度的父母一般从事体力消耗大、耗时多、技术性低、重复性高、风险大的工作，而且经济收入较低。这些繁重的工作占据父母几乎全部的精力和时间，同时有限的经济收入无法为子女提供足够多的发展机会。也有研究表明，父母的教育背景对子女的未来教育成就影响非常显著。其次，父母的社会关系是其社会经济地位和社会资本的直接表现，将持续对子女的教育机会、教育资源和就业机会产生一定影响。此外，家庭结构是贫困代际传递的常见问题，比如家中兄弟姊妹较多、单亲家庭、离异家庭、留守儿童家庭等都可能导致儿童贫困、亲情关爱缺乏、教育监护不足，这些都可能成为儿童成年后贫困的导火索。

6. 个人因素

该观点主要以经济学家阿玛蒂亚·森提出的能力贫困理论为基础。他认为，贫困的本质是个体能力的缺失，贫困个体实现自我价值的能力不足是贫困的根源。因此，提升贫困个体的劳动技能是解决贫困的根本措施。不可否认，劳动者的生产能力与经济收入、个人努力程度密切相关。贫困者的受教育程度、劳动技能素质、工作收入都是个人努力程度的直接表现形式。但是，在主要依靠个人努力增强劳动技能的理想状态下，贫困者能否通过个人努力从社会底层向上流动、能否阻断贫困再发生现象仍旧存在较大争议。

综上所述，阻断贫困代际传递的关键是实现社会、环境、文化、经济、家庭、个体的全面突破。从教育精准扶智角度，促进新一代劳动力的可持续发展是打破贫困代际恶性循环的关键，需要联合社会多方力量，实现“有学上”、“上好学”和“学有所成”。首先，保证人人“有学上”，提高经济欠发达地区基础教育阶段学生的入学率，降低辍学率；其次，保证人人“上好学”，以立德树人为教育宗旨，通过教育信息化改善教育条件、教育资源、师资力量、教育管理、教育领导力，为经济欠发达地区学生提供公平而优质的教育服务，促进学生的全面发展；再次，帮助人人“学有所成”，提高经济欠发达地区新一代劳动力的创业就业能力，实现个人的社会价值。最后，重视凝聚国家、社会、社区、学校、企业、高校、家庭多方力量，实现“扶真智、真扶智”。

3.2 人力资本理论

人力资本(Human Capital)理论源自西方经济学领域,最早追溯到18世纪80年代,在20世纪50年代后期至20世纪80年代逐渐发展成熟,美国经济学家雅各布·明赛尔、西奥多·W·舒尔茨、加里·S·贝克尔为主要奠基者。

明赛尔首次从收入分配领域研究人力资本投资,在1958年发表的《人力资本投资与个人收入分配》博士论文中,采用经济数学模型表示个人收入分配与其接受培训量之间的关系。随后,在《在职培训:成本、收益与某些含义》一文中,他利用"收益函数",估算出美国对在职培训的投资总量和在这些投资上获得的收益率,进一步地揭示了劳动者收入差异与获得的教育培训量、工作经验长短的密切关系。

舒尔茨在1960年发表《人力资本投资》演讲,论述了人力资本的概念与性质、内容与途径以及在经济增长中的作用等思想。随后,他陆续发布几篇重要文章和著作,奠定现代人力资本投资的理论基础,如1961年的《教育与经济增长》《人力资本投资》、1962年的《对人投资的思考》,以及1971年出版的《人力资本投资:教育和研究》和1981年的《人力资本:人口质量经济学》著作等。舒尔茨认为,人力资本是发展现代经济的关键因素,由个体所拥有的知识、技能、能力、经验、健康等共同构成,而教育是面向人投资的合适代表[①]。他在否定古典经济学中劳动同质性观点的基础上,提出了劳动、人力资本具有异质性的观点,深入研究了教育投资的收益率以及教育对经济增长的重要作用。此外,他阐释了人力资本的"量"与"质"的表现:"量"表示社会中从事有用工作的人口数量及比例、劳动时间;"质"表示影响个体从事生产性工作所需的能力,如知识、熟练程度、技艺等。而教育培训会使劳动者的技艺、知识、工作能力发生变化。舒尔茨认为,人力资本是投资的产物,包括医疗保健、在职培训、正式教育(正规的初等教育、中等教育、高等教育)、成人教育、迁移(个人和家庭为适应变化的就业机会而迁移)五个部分[②]。

与舒尔茨的宏观视角不同,贝克尔的最大贡献在于从微观角度将收入分配理论与人力资本投资理论融合,研究了人力资本投资与个人收入分配关系,完善并进一步发展了人力资本投资理论框架。他在其著作《人力资本》中提出,人力资本是对人力投资而形成的一种特定资本,不仅包括知识、技能和才能,还包括

---

① 西奥多·W·舒尔茨.改造传统农业[M].梁小民,译.北京:商务印书馆,2006.

② 西奥多·W·舒尔茨.人力投资:人口质量经济学[M].贾湛,施伟,等译.北京:华夏出版社,1990.

健康、寿命和时间等要素。

综上所述，人力资本理论将世界反贫困斗争提升到新的理论高度，从 20 世纪五六十年代传统的单纯物质资本投入发展到注重人力资本的投入，主要观点是：①人力资本的积累是现代经济增长的关键因素，高质量的劳动力（尤其是知识、能力和劳动经验）决定高效益的生产力。人力资本将成为未来世界发展的主要竞争力和推动力，决定着人类的未来。②知识、技能、经验等智力资本是人力资本的核心，而这些可以通过后天教育培训、学习的积累而发生改变。③教育是开发智力资本的主要生产力，教育能够提高个体的知识技能水平，增强个体的生产能力，使个体具有参与经济市场的生存发展能力，从而改善个人的经济收入结构。

人力资本理论启发我们：①树立人力资本与知识经济共生的观念。随着人类社会的进步与发展，人力资源在各个国家、地区的综合实力中占据着越来越大的比例；劳动力也正在突破传统的被动生产地位，聚集在劳动者自身的无形财富（知识、技能、经验等）对生产力的作用日益突出。②发挥政府主导作用，优化人才结构。既要关注公共医疗保健服务，保障人力资本存量，又要重视国民整体素质提升，提高人口质量和智力资本。③教育是面向人投资的合适代表，教育培训会使劳动者的技艺、知识、工作能力发生变化。扩大教育支持力度，通过资金投入、人才引进、技术手段支持等方式，改善教育条件，提高教育水平，优化人才结构。④构建多元化的人力资本体系，优化人力资源配置，促进城乡地区优质人才智力流动。

3.3 能力贫困理论

1999 年，阿玛蒂亚·森在其出版的《以自由看待发展》一书中，提出贫困是可行能力缺失和被剥夺的结果，并提出了“可行能力”(capability)的概念。可行能力强调某个人能够做什么或处于什么状态，指个体能够或可能实现的各种功能性活动。可行能力与功能性活动紧密联系，而且具有一定层次性，比如避免夭折、保持良好的健康状态、受到教育是基层需求，获取知识、技能和利用媒介是中层需求，社会参与和社会成就是高层需求。由此可见，可行能力实质上是一种自由，即实现各种可能的功能性活动组合，实现个体的全面发展和达到某种优质的生活水平。

与传统收入贫困理论比较，能力贫困理论更加聚焦人的自我发展要求，强调贫困是可行能力的缺失，或者某种实质自由的剥夺。同时，阿玛蒂亚·森并没有否认低收入与贫困之间的紧密关系，但将其根本原因归结于个体可行能力的缺失或不足。贫困者由于获得经济收入的能力缺失和机会被剥夺，无法实现正常的功能性活动,导致生活窘迫。疾病、低水平的教育、机会缺失、脆弱的社会保障体系等都是导致人们丧失经济获取能力,从而陷入贫困的关键因素。因此,增强个体的可行能力是消除贫困的重要途径。关于提高可行能力的途径,阿玛蒂亚·森也提出了五大基本工具性的自由,即政治自由、经济条件、社会机会、透明性保证、防护性保障①。这些自由要素作为一个整体,互为补充,互为支撑,能够更好地扩展人们可行能力的自由度。

"可行能力"将是未来社会市场优胜劣汰的主要竞争要素,能力强的则被社会接纳,而能力弱的则被社会淘汰。机会平等是能力实现的保障,但是能力是机会平等的前提。虽然教育精准扶贫很大程度上解决了贫困地区青少年儿童"上学难""上好学难"的问题,但是持续的教育投资、慢性的教育效果,消磨了贫困家庭承受力和学生学习力。从提升"可行能力"的途径来看,无论是从社会属性还是个体属性,教育投资是提升贫困个体可行能力的根本措施。教育信息化促进教育精准扶智不仅需要保证人人接受优质而公平的教育,更要保障年轻一代"知识文化素养"与"可行能力"的双螺旋式成长,达到"学智合一"。换而言之,教育信息化促进教育精准扶智既要重视社会保障公平公正,保障弱势群体的社会机会平等;更要通过教育等手段提升弱势群体的可行能力,实现可行能力与生活质量的无缝衔接。

3.4 教育公平理论

教育公平的思想可以追溯到两千多年前孔子提出的"有教无类""因材施教"思想,以及古希腊雅典时期的公民教育。作为社会公平的子系统,教育公平是在特定社会发展背景下的一个复杂概念。从教育公平的词源来看,西方学者常使用"教育机会均等"这一概念。关于"教育公平"的代表性观点主要有:美国科尔曼最早提出"教育机会均等"概念,包括进入教育机会均等、参与教育机会均等、教育结果均等以及教育对未来生活前景的影响均等。瑞典教育家胡森认为教育机会均等经历了起点均等论、过程均等论和结果均等论三个阶段。美国的南格尔将教育平等分为"消极平等"和"积极平等",前者是基于非干涉主义的教育平等宏观规定;后者是基于干涉主义的、促进教育公平的微观具体措施,要求超越正式公共教育的平等规定。我国学者在学习西方教育公平理论的基础上进行了本土化研究,如褚宏启提出教育公平包含教育资源配置的平等原则、差异原则和补偿原则三种合理性原则②。

---

① 阿马蒂亚·森.以自由看待发展[M].任赜,于真,译.北京:中国人民大学出版社,2002.

② 褚宏启.关于教育公平的几个基本理论问题[J].中国教育学刊,2006(12):1-4.

教育公平的主要内涵包括入学机会公平、教育过程公平、教育结果公平三个方面，具体内容如下：①入学机会公平，即不分民族、种族、性别、健康状况、地域、家庭社会地位等因素，法律上保障人人享有受教育的权利，人人享有公共教育资源，反对教育歧视或教育特权。②教育过程公平，即每一位学生在接受教育的过程中享有平等的教育参与机会和教育条件，同时对处于社会弱势的儿童需要进行教育补偿，如公共教育资源的配置需要向弱势地区、弱势学校和弱势人口适当倾斜；尊重学生个性差异，保障每位学生的天赋能力得以充分发展。③教育结果公平，即学业成就机会公平，人人获得平等的教育效果，每位学生获得与其能力匹配的社会地位，而且入学机会公平和教育过程公平是教育结果公平的前提条件。

从根本上看，教育公平是教育扶贫的价值追求，具体表现在教育扶贫坚持的差别正义原则和起点公正理念、权利平等原则和过程公正理念、机会均等原则和结果公正理念[①]。教育扶贫在整个教育公平系统中占据基础性、全局性和先导性地位。随着社会经济的发展，教育扶贫经历了从重视起点公平，到逐渐关注过程公平，再到强调结果公平，帮助弱势儿童实现"有学上"，逐渐能"上好学"，最终"学有所成"的过程。为促进教育公平，世界各国采取的主要教育扶贫措施有：①加强立法保障，保护儿童平等受教育权力；②加强规范管理，建立教育责任制度；③加大政府财政教育公平责任；④不断完善学生资助体系；⑤均衡并完善教育公共服务资源；⑥重视帮扶处于不利地位的特殊儿童。

随着现代信息技术与教育的融合创新，教育信息化对于促进教育发展、提升教育质量和促进教育公平具有革命性影响。一方面，借助卫星网络、通信技术、计算机网络、多媒体技术，实现城乡跨时空的教育交流协作，促进优质教育资源向薄弱地区共享，实现数字教育资源、优秀师资、教育数据的有效共享，完善国家优质数字教育资源服务体系。比如，利用云视讯技术，促进"三个课堂"的应用，即"专递课堂"、"名师课堂"和"名校网络课堂"，解决农村贫困学校开不齐课、教师专业水平不高、优质教育资源不足等问题。另一方面，现代信息技术与课程教学深度融合，实现了教学系统颠覆性变革，创新了教学思想、理念、内容和方法，有利于提升农村地区学校教育质量和人才培养质量。教育信息化开放共享、交互协作的特征，将有效促进教育质量、教育效果、教育效率三级目标同步实现，推动教育公平而有质量地发展。在推进国家教育治理能力现代化和培养信息社会创新人才的背景下，教育信息化是实现贫困地区教育优质均衡发展、促进教育公平的必然选择和有效路径。

① 李兴洲.公平正义：教育扶贫的价值追求[J].教育研究，2017,38(3):31-37.

3.5　协同理论

协同理论也称"协同学"或"协和学",是复杂性系统科学的一个重要分支理论,最早在20世纪70年代由德国物理学家赫尔曼·哈肯提出。协同学主要研究性质完全不同的事物的系统特征及其协同机理,即探讨各种不同系统如何从无序结构自发地转变为时间、空间、功能上有序结构的共同规律。协同论认为,在社会和自然界中存在着各种系统,各个系统内部的子系统间既相互独立又相互影响,存在竞争、协调、合作、制约、干扰等关系,而子系统间的相互作用对系统的行为起着决定性作用①。哈肯在协同论中引入"序参数"概念,用以描述宏观系统的有序度,当系统处于无序状态时,序参数为零;当外界条件变化,序参数也随之变化;而当系统达到新的宏观结构的临界点,序参数达到最大值。宏观系统结构是由几个序参数共同决定的,子系统(或者说序参数)之间的协同合作产生宏观系统有序结构。

协同学的两大主要内容是伺服原理和自组织原理。第一,伺服原理,指序参数支配子系统的行为,序参数中快速衰减的组态随着缓慢增长的组态变化。协同学认为,子系统总是在无规则地独立运动,同时受到与其他子系统间关联的影响而形成协同运动。子系统间的关联(即"序参数")强度决定其独立运动的程度。当系统靠近临界点时,子系统间的关联作用逐渐增强,当控制参量达到"阈值",子系统间的关联作用超越子系统的独立运动,并占据主导地位,这便出现了由子系统间的关联作用所决定的子系统间的协同运动,最终形成宏观新结构。换而言之,序参数是由各个子系统的共同作用产生,同时序参数又支配系统演化的整个过程。第二,自组织原理,指在没有外部命令的支配下,系统内的子系统通过协同作用进行自我强化,自发地发展成新的时间、空间、功能的有序结构。这里的自组织具有普遍性、开放性和自发性。自组织原理解释了系统在与外界进行物质、能量和信息交换时,子系统间的共同作用形成新的宏观结构的过程。

协同学揭示了开放系统中有序结构的形成过程,既适用于宏观系统,也适用于微观系统,对于复杂系统研究具有重要的理论和实践指导意义。协同学指出,在外界能量输入的条件下,系统内部的协同运动将最终超越并支配其他运动形式,形成新的有序结构,在这个过程中,子系统也在不断探索新的位置、运动、反应,而整个系统由子系统间的关联作用所支配并产生新的变化。教育信息化推动下的教育精准扶智是一项复杂的社会系统工程,覆盖中央、省、市、县、乡镇、行政村各级地区,包括政府部门、学校、高校、企业等机构组织,涉及技术、人才、资

① 赫尔曼·哈肯.协同学:大自然构成的奥秘[M].凌复华,译.上海:上海译文出版社,2013.

金、资源、设施等方面内容。在教育信息化推进教育精准扶智过程中，需要发挥主体优势、多方协同、形成合力，从而达到整体教育精准扶智的目标。目前，国内教育学者也在协同理论基础上进行广泛的教育实践探索。比如，杨宗凯教授创新性地提出了“UGBS”多方协作育人模式，即建立高校(University)、政府(Government)、企业(Business)、中小学(School)多元主体参与，扬长避短，协作共赢的协作模式[①]。在 UGBS 模式基础上，结合地方实践，左明章等提出了区域教育信息化四方协同推进机制，它秉持“目标一致、多方参与、分享利益、共担责任、协同推动”的基本理念，实现信息技术与教育教学的深度融合[②]。以“咸安模式”教育扶贫实践为例，依托虚实一体的咸安数字学校，创新政府、高校、企业、中小学为主体的多方协同机制，探究多种混合式教学模式，如多媒体课堂教学、同步互动混合教学、同步互动专递课堂，推进课程建设、全员教师培训、数字化教师培养、学生成长观察四大工程，促进区域教育的高位均衡发展[③]。

① 王继新，施枫，吴秀圆.“互联网+”教学点：新城镇化进程中的义务教育均衡发展实践[J].中国电化教育，2016(1):86-94.

② 左明章，卢强.区域教育信息化协同推进机制创新与实践[J].中国电化教育，2017(1):91-98.

③ 王继新，施枫，吴秀圆.“互联网+”教学点：新城镇化进程中的义务教育均衡发展实践[J].中国电化教育，2016(1):86-94.

第 4 章

教育信息化促进教育精准扶智典型实践案例

4.1　农村中小学现代远程教育工程

1. 背景概述

进入 21 世纪以来，我国加快建设教育信息化基础设施，如 2000 年启动“校校通”工程，2001 年启动“西部大学校园计算机网络建设工程”项目和西部中小学现代远程教育工程，2003 年启动现代远程教育工程试点示范项目，这些工程项目为后期教育信息化基础建设起到良好的示范作用。在此背景下，2003 年 9 月，国务院召开全国农村教育工作会议，在《关于进一步加强农村教育工作的决定》（国发〔2003〕19 号）文件中，正式提出实施农村中小学现代远程教育工程（以下简称“农远工程”），计划在 2003 年继续试点工作的基础上，争取用五年左右的时间，使农村中小学以及教学点具备基本的信息化教学条件和现代远程教育资源。

2. 建设模式

“农远工程”依照“总体规划、先行试点、重点突破、分步实施”原则，经历了试点阶段（2003—2004 年底）、全面实施阶段（2004—2007 年底）、深化应用阶段（2008 年至今）①。“农远工程”的实施阶段包括试点示范（2002 年）、试点（2003—2004 年底）、全面实施（2004—2007 年底）。“农远工程”主要采用教学光盘播放点、卫星教学收视点、中心学校计算机教室三种建设模式。

（1）模式 1：教学光盘播放点

为农村教学点各年级配置电视机、DVD 播放机和成套的教学光盘，通过播

① 汪基德，冯永华.“农远工程”的发展对我国基础教育信息化的启示[J]. 教育研究，2012，33(2)：65-73.

放教学光盘辅助教师的教学和学生的学习。

(2) 模式 2:卫星教学收视点

为边远贫困地区的农村中小学配置卫星接收系统以及基础信息化设备,比如计算机、电视机、DVD 播放机和成套的教学光盘,通过中国教育卫星宽带传输网,向具备接收条件的项目学校传输网上优质教育资源。

(3) 模式 3:计算机教室

为农村中心学校或农村初中配置网络计算机教室、卫星接收系统、无盘工作站和教学光盘,使其具备基本的计算机教室和接收卫星数据广播条件,为学生信息化学习以及教师远程培训提供服务。

3. 建设内容

"农远工程"是以农村中小学信息化基础设施建设为前提,开展数字教育资源共享、农村教师信息技术能力培训、远程教育教学应用的复杂系统工程。

在基础设施建设方面,为全国约 11 万个农村小学教学点配备电视机、DVD 播放机和成套教学光盘;为全国 38.4 万所农村中小学在模式 1 设施配置基础上,安装卫星接收系统;为全国 3.75 万所农村初中在模式 1、2 设施配置基础上,基本建成计算机教室和多媒体教室,提供学生线上学习和教师线上教研条件,完善农村基础教育信息化建设①。

在资源建设方面,通过卫星数据广播、互联网相结合方式,构建由"国家、省、市、县"各级资源中心协同的分布式教育资源服务体系,向安装卫星资源接收设备和具备上网条件的农村学校免费提供优质教育资源,此外为中小学配送各学段各学科的教学光盘。

在师资培训方面,针对"三种模式"建设和应用要求,采用送教下乡、大规模远程培训、东西部教师远程协作教学、巡回培训、地方培训、校本培训等多种方式,提升农村教师的远程教育应用能力。

在教学应用方面,基本形成了"三种建设模式"下的多种教学应用模式。基于光盘资源的模拟教学对话模式、情景互动教学模式和资源整合教学模式,基于卫星教育资源的直播教学模式、整合教学模式和多重组合教学模式,基于计算机网络环境的群体教学模式、自主探究学习模式以及小组协作学习模式。

4. 建设成效

"农远工程"是农村基础教育信息化促进教育均衡、公平发展的重大工程,为推动基础教育精准扶智奠定了良好的发展条件。自 2003 年到 2007 年底,"农远

① 陈庆贵.农村中小学现代远程教育环境下的教学应用模式研究[J].电化教育研究,2006(12):35-40.

工程”完成投资约 111 亿元,其中中央专项资金 50 亿元,地方投资 61 亿元。经过五年的建设,农远工程实现既定的工程目标,并取得突破性建设成果。

培训一批具备远程教学能力的农村教师。其中,参加国家、省、市、县级培训的教师和技术人员高达 80 多万人,占农村义务教育教师的 1/5,超额完成了工程培训计划[①]。2005—2006 年,中央电化教育馆组织农远工程学校全覆盖的三种模式巡回培训,培训 1.5 万名一线教师;2007 年 8 月,教育部组织“西部农村教师国家级远程培训计划”,覆盖中西部 16 个省 100 个县 2 149 个培训点,超过 20 万名教师参加国家级远程教育培训[②]。

基本满足农村中小学教学所需的数字教学资源体系,建成了从国家到地县的教育资源服务体系。多媒体教学资源累计 4 129 个学时,涵盖了中小学基础学科;视频资源累计 2 099 小时,涵盖了中小学基础学科、专题教育以及科学实验等资源;教学素材资源 7 692 条。这些资源通过中国教育卫星平台免费向农村中小学发送[③]。

4.2 “三个课堂”应用

1. 背景概述

“三个课堂”即专递课堂、名师课堂、名师网络课堂,是“农远工程”三大建设模式的创新升级,是教育信息化全面推进教育精准扶智的标志。近年来大数据、人工智能、云计算、虚拟现实、5G 等技术在“三个课堂”的创新应用,不断强化其智能性、交互性和共享性。2020 年 3 月,教育部发布《关于加强“三个课堂”应用的指导意见》文件,提出进一步加强“三个课堂”应用,计划到 2022 年全面实现“三个课堂”在广大中小学常态化按需应用,建立健全利用信息化手段扩大优质教育资源覆盖面的有效机制,促进教育均衡优质发展[④]。

2. 应用模式

“三个课堂”应用模式主要是“1＋N”或“N＋N”联校网教方式,即在 5G 技术、虚拟现实技术、教育大数据、全息技术、云录播技术、专递课堂技术等支持下,依托在线云教学系统、录播教室和网络研修平台,实现优质学校引领教学点或薄

---

① 全国农村中小学现代远程教育办公室.架起通向未来的桥梁[M].北京:人民教育出版社,2009.

② 教育部.2002—2003 年教育信息化发展概况[EB/OL].(2003-08-12)[2021-03-13].http://www.moe.gov.cn/srcsite/A16/s7062/200308/t20030812_82372.html.

③ 教育部.同在蓝天下,共享优质教育资源——全国农村中小学现代远程教育工程介绍[EB/OL].(2007-11-30)[202103-13].http://www.moe.gov.cn/jyb_xwfb/xw_fbh/moe_2069/moe_2095/moe_2100/moe_1851/tnull_29185.html.

④ 教育部.教育部关于加强“三个课堂”应用的指导意见[EB/OL].(2020-03-05)[2021-03-13].http://www.moe.gov.cn/srcsite/A16/s3342/202003/t20200316_431659.html.

弱校、优秀教师带领普通教师的“一对一”或“一对多”精准教学教研帮扶模式，形成直播式、植入式、录播式、观摩式等多种方式，促进城乡教育均衡优质发展。“三个课堂”应用模式，如图 4-1 所示。

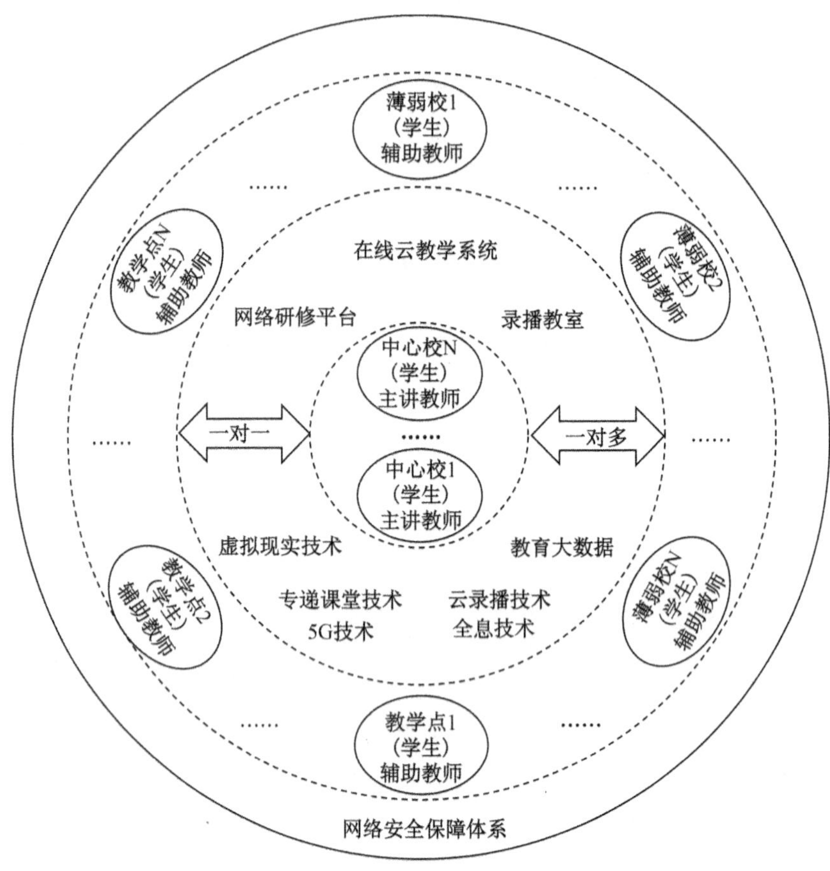

图 4-1 “三个课堂”应用模式

3. 建设内容

“三个课堂”应用主要包括专递课堂、名师课堂、名师网络课堂三方面的建设内容，将精准地、系统地、全方位地促进全国全区域内共享优质教育资源，满足师生智力提升的个性化需求。

(1) 专递课堂

专递课堂也称双师课堂，强调专门性，主要针对农村薄弱学校和教学点师资匮乏的问题，依托互联网为农村教学点和薄弱学校，按照教学进度推送适切的优质教育资源等，帮助其开出、开足、开齐国家规定课程，促进教育公平和均衡发展。

(2) 名师课堂

名师课堂强调共享性,针对教师教学能力不足,专业发展水平不高的问题,通过构建网络教学研修团体,发挥名师名课示范效应,以优秀教师带动普通教师,促进贫困地区教师专业发展和信息技术应用能力提升。

(3) 名师网络课堂

名师网络课堂强调开放性,为了缩小区域、城乡、校际之间教育质量差距,以优质学校为主体,通过网络学校、网络课程等形式,形成优质学校带动薄弱学校的全区域教育精准扶智模式,全方位地推动优质教育资源在区域或全国范围内共享,满足师生对个性化发展和高质量教育的需求。

4. 应用成效

在新一代智能技术支持下,"三个课堂"的智慧应用在全国遍地开花,实现优秀教师、名师课堂、优质学校等优质教育资源的"云中漫步",促进贫困农村边远民族地区教育精准扶智。

安徽省实现全省教学点"双师在线课堂"全覆盖,首创优质学校带动薄弱学校的双师在线课堂教学模式。自2013年起,省级专项资金投入2亿元,依托网络技术和视频会议技术,建设了1 836个城区或中心学校主讲课堂和4 900个教学点接收课堂;截至2018年9月,在线课堂累计开课约53.9万节,帮扶33万多名学生,解决了教学点在美术、音乐、英语、信息技术等学科师资专业能力不足和教育资源匮乏的问题①。

2018年,山东省滨州市沾化区的"1+2"同步互助课堂教学模式系统,获批国家专利,即在云录播技术和专递课堂技术支持下,1所优质学校主讲教师的授课课堂,辐射到2所薄弱学校的在线同步课堂,薄弱学校各安排一位辅助教师。2019年,沾化区在中小学投资600万元,建成精品录播室20个,常态化录播教室40个,完成全区中小学录播教室全覆盖,促进"1+2"同步互助课堂教学模式常态化应用。

深圳香山里小学携手深圳移动运用5G技术,对口帮扶西藏林芝市第一小学,探索了5G智慧双师课堂新的教学模式。2019年6月,广东深圳、西藏林芝两地开展一场精彩生动的"5G+VR"双师远程互动的绘本阅读课。深圳香山里小学校长与林芝市第一小学的校长及现场的师生们进行第一个5G视频远程电话交流;通过移动"5G+云视讯技术",香山里小学绘本阅读课同步传递到远隔千里的林芝市第一小学,让孩子感受到优质课堂的自然远程交互乐趣。

---

① 教育部.安徽:农村城区同上一课 师生实时互动交流 国家课程开齐开足——在线课堂覆盖所有教学点[EB/OL].(2018-09-19)[2021-03-13]. http://www.moe.gov.cn/jyb_xwfb/moe_2082/zl_2018n/2018_zl64/201809/t20180919_349309.html.

4.3 全国中小学教师信息技术应用能力提升工程

1. 背景概述

为了适应教育信息化发展变化和新的要求，教育部于 2013 年、2019 年先后发布《关于实施全国中小学教师信息技术应用能力提升工程的意见》(以下简称“能力提升工程 1.0”)、《关于实施全国中小学教师信息技术应用能力提升工程 2.0 的意见》(以下简称“能力提升工程 2.0”)。能力提升工程 2.0 是在总结能力提升工程 1.0 实践经验基础上提出的，在培训目标、时代背景等方面存在差异，如表 4-1 所示。综合两者的政策要点和实施措施的比较分析，能力提升 1.0 工程更加关注教师应用信息技术能力及其效果测评，而能力提升工程 2.0 更加关注新兴技术变革下学校信息化领导力和信息化培训团队的培训，旨在构建“以校为本、基于课堂、应用驱动、注重创新、精准测评”的教师信息素养发展新机制，全面促进信息技术与教育融合创新[①]。

表 4-1　能力提升工程 1.0、2.0 的比较分析

维度	能力提升工程 1.0	能力提升工程 2.0
时间跨度	2013—2017 年	2019—2022 年
时代背景	教育信息化 1.0	教育信息化 2.0
信息技术与教育	信息技术与教育融合	信息技术与教育融合创新
核心技术	互联网、多媒体技术、计算机技术、数字化技术等	大数据、人工智能、虚拟现实、全息技术等
培训目标	教师的信息化教学能力、学科教学能力、自主发展能力	校长、教师、培训团队的信息化能力
建设内容	标准体系、全员培训、能力测评、应用机制	整校推进、缩小城乡差距、领导团队、支持服务体系
培训对象	教师、管理人员、技术人员、培训人员、行政人员	
培训学时	每人不少于 50 学时	实践应用学时不少于 50%
培训方式	面授、混合式培训、教学示范培训	“双师教学”教师培训
考核方式	线上自测方式、通过案例开展情境测评	成果导向、全程监测评价体系
考核指标	优化课堂教学、转变学习方式	多媒体环境、混合环境、智慧环境

① 教育部. 教育部关于实施全国中小学教师信息技术应用能力提升工程 2.0 的意见[EB/OL]. (2019-03-21)[2021-03-13]. http://www.moe.gov.cn/srcsite/A10/s7034/201904/t20190402_376493.html.

2. 培训内容

能力提升工程 1.0 关注教师对信息技术的操作和教学设计，也重视技术的融合应用。能力提升工程 2.0 从基于“教”转向基于“学”的设计培训，旨在帮助教师提升自我信息素养，关注智慧环境下教师的教研行为的过程分析，实施精准培训，提升培训效果。

3. 培训方式

能力提升工程 1.0 是基于“做中学”理念，通过线上线下相结合方式，促进教师在信息技术环境中学习、体验、应用，实现理论学习和实践操作的结合。该阶段开展网络教学案例研讨、送教送培上门、现场教学示范、教育信息化实践大赛等活动，关注技术教育应用模式和效果。在能力提升工程 1.0 基础上，能力提升工程 2.0 更加注重探究人工智能技术、5G 技术、大数据技术等支持下教师信息素养创新培养机制，面向“真实问题、应用驱动、按需指导”进行精准化、个性化的校本培训。

4. 培训效果

截至 2017 年底，能力提升 1.0 工程基本完成全国中小学教师培训工作和课程资源建设，共计约培训 1 000 万名教师，建立了两期中小学教师培训课程资源，构建了中小学教师信息技术应用能力标准，实现了以评促学、以评促用，普遍提高了中小学教师应用信息技术优化课堂教学、转变学习方式的意识和能力。2019 年 3 月，能力提升 2.0 工程正式启动，重点关注“三区三州”等深度贫困地区乡村教师的信息技术应用能力提升。提升教师信息技术教学应用能力是教育信息化可持续发展的基础保障，信息技术应用能力是信息社会教师必备的专业技能。

4.4 “三区三州”教育信息化“送培到家”活动

1. 活动背景

为了落实《教育信息化 2.0 行动计划》和《网络扶贫行动计划》的部署，教育部自 2018 年开始组织举办了 12 期面向“三区三州”教育信息化“送培到家”活动，包括 8 期教育厅局长培训班和 4 期中小学校长培训班。“送培到家”活动是“网络扶智工程攻坚行动”的重要项目之一，旨在推进网络条件下的教育精准扶智，提升深度贫困地区教育信息化领导力，提高当地学校教育质量和人才培养能力，服务地方经济发展。

2. 培训方式

该活动组建教育信息化领域知名专家、校长和一线教师等跨界专家团队，为培训工作提供了强大的智力支持。专家团队走进深度贫困地区，采用线上和线下混合方式，通过现场讲授、现场观摩、案例剖析、小组协作、研讨会、直播、论坛与工作坊、网络社区互动等多种形式展开培训。

3. 培训内容

中小学校长教育信息化专题培训主要包括信息化领导力与区域/学校教育信息化规划、网络空间与教学支持服务、互联网环境下的师生信息素养、“数字校园”解决方案与应用、新技术与未来教育五大主题。培训内容涉及学校教育信息化规划，数字校园建设与应用，信息化创新教育模式探究，师生信息化教与学能力提升，优质资源共享，创客教育，移动学习，智慧教育，信息化管理等。此外，通过学习与交流地方教育信息化推动教育教学变革的发展现状和现实困境，深化中小学校长对教育信息化的理解，探索学校教育信息化建设方案，促进信息技术与教育教学变革的融合创新。除了开展专题培训，还为“三区三州”捐赠教育信息化装备、共享优质数字教育资源和提供教育信息化应用服务，全面推进深度贫困地区信息化条件下教育精准扶智。

4. 培训成效

地方教育局局长和中小学校长是学校教育信息化工作的领导者和组织者，提升教育信息化领导力是推动学校信息化发展、提高教育教学质量的战略要求。经过两年的“送培到家”活动，“三区三州”地方教育局局长和中小学校长信息化领导力有了明显提升，学校教育信息化发展速度明显加快，极大地促进了教育公平和教育均衡发展。2018 至 2019 年，教育部“三区三州”中小学校长教育信息化专题培训在云南怒江、四川凉山、西藏拉萨和甘肃临夏举办，分别有 117、119、100、110 名中小学校长参与培训，培训取得显著成效。教育厅局长教育信息化专题培训面向全国各省、自治区、市教育管理部门的省级领导和负责人，地市、县区教育局局长和负责人进行了 8 期培训，分析深度贫困地区教育信息化发展形势，深入解析国家教育信息化重要战略规划，总结优质区域学校信息化教学创新的实践案例和发展经验，联合社会多方力量推进经济欠发达地区教育信息化发展。

4.5 人工智能技术助力语言文字扶智项目

1. 背景概述

扶贫先扶智，扶智先通语，语言文字扶贫是提升深度贫困地区教育扶智“造血”能力的重要举措。为了落实《推普脱贫攻坚行动计划(2018—2020 年)》战略目标，教育部、国家语委、原国务院扶贫办联合中国移动、科大讯飞、高校等社会力量，探索了信息技术助力语言文字创新扶智模式。为此，本研究选取“墨韵智能 · 书法进校园助力项目”(以下简称“墨韵智能项目”)、语言扶贫 APP 项目、国家通用语言文字能力提升在线示范培训(以下简称“国家通用语言文字能力在线培训”)三个具有代表性的项目进行介绍,如表 4-2 所示。

表 4-2　墨韵智能项目、语言扶贫 APP 项目、国家通用语言文字能力在线培训的基本信息

维度	墨韵智能项目	语言扶贫 APP 项目	国家通用语言文字能力在线培训
实施时间	2018 年至今	2018 年至今	2020 年 4 月至 8 月
主要实施单位	教育部语信司、中央电教馆、北京北大方正电子有限公司、受助地区教育主管部门	云南省教育厅、中国移动(云南)公司、科大讯飞公司	教育部语用司、国家教育行政学院、50 个高校国家语言文字推广基地
项目目的	为经济欠发达地区和书法教育薄弱的中小学师生提供高质量的书法教育资源,推动实现教育公平	促进云南省 7.4 万“直过民族”和人口较少民族以及重点目标人群的普通话普及和素质提升	提升 52 个贫困县 5 200 多名少数民族教师的国家通用语言文字能力
项目模式	“一云两端三通”模式	APP 自主学习模式	线上培训模式
实施范围	全国中小学校(尤其是河北、甘肃、安徽、福建等地的贫困县区或革命老区的中小学校)	“三区三州”普通话水平薄弱的贫困群众	52 个未摘帽贫困县
实施对象	教师和学生	贫困群众	少数民族教师、农村教师
关键技术	移动互联网、人工智能、机器测评、教育大数据	移动互联网、人工智能、云计算、口语评测、语音合成	移动互联网、人工智能、教育大数据、云计算、口语评测、语音合成
教育信息化环境	方正书法云服务、智慧教室	APP 语言学习软件、定制手机	课堂派在线教学平台、科大讯飞智能语言测评服务、智能手机或电脑

2. 项目模式

墨韵智能项目采用“一云两端三通”服务模式,即依托受助学校“三通两平台”教育信息化建设条件(如网络、电子白板、电脑等),教师端和学生端通过方正书法云服务获取书法教学支持服务。

语言扶贫 APP 项目采用自主学习模式,即通过定制手机中的自主学习平台具备的语音智能识别、口语评测等智慧评测功能,为帮扶对象量身定制一套“学、练、用、测”一体的智能化、个性化普通话学习服务。

国家通用语言文字能力在线培训采用线上培训模式,即高校师生通过在线教学平台和智能语言测评服务，进行学习内容发布、监测学习过程、摸底测试、教学示范等教学活动，实现对贫困地区、民族地区教师的精准扶智。

3. 项目内容

墨韵智能项目的主要内容是利用方正书法云服务，为全国中小学师生提供一套完整的书法教学支持服务，为教师提供富媒体化的书法教育课程资源，为学生提供个性化、自适应的书法学习体验。

语言扶贫 APP 项目包含识字教程、日常生活、自主学习三大模块内容，涵盖 40 多个日常生活对话场景、常用普通话 1 000 句、高频常用字 500 个，具备语音智能识别、口语评测等智慧评测功能，同时配套网络、流量、传播、管理四大保障体系。

国家通用语言文字能力在线培训的主要内容是组织 50 个基地师生对 52 个贫困县5 200 多名少数民族教师，以远程互动、结对帮扶等方式，进行普通话在线培训，提升其国家通用语言文字使用能力。

4. 项目成效

通过《推普脱贫攻坚行动计划(2018—2020 年)》的实施，我国语言文字扶智项目取得显著成效，贫困地区、民族地区教师的国家通用语言文字学习应用能力普遍提升。2019 年，中西部 12 省份国家通用语言文字培训项目培训教师 46.3 万人，青壮年农牧民 195.8 万人，基层干部 21.3 万人①。据统计，截至 2020 年 10 月，全国普通话普及率提高到 80.72%，“三区三州”深度贫困地区普通话普及率达 61.56%②。

(1) 墨韵智能项目利用技术有效地解决了区域书法教育均衡问题。目前墨韵智能项目已经在福建、安徽、甘肃、河北等 10 个贫困县，约 2 000 所学校举办近百场线上线下培训，培训约 15 000 位教师，其中 70%以上学校实现远程书法教学常态化应用③。在疫情期间，“墨韵智能”利用云服务，帮助了新疆、湖北、山东等地学校开展书法常态化教学，获得广大师生和家长的一致好评。2020 年 8 月，第三期项目启动，计划向 36 个未摘帽贫困县、34 个书法教育薄弱区县 6 000 所学校提供支持。项目中由北京北大方正电子有限公司主持研发的“人工智能技术＋书法教育”成果(即“方正书法”)，也入选为国家教育资源公共平台的优秀

① 教育部. 2019 年中国语言文字事业和语言生活总体状况[EB/OL]. (2020-06-02)[2021-03-13]. http://www.moe.gov.cn/fbh/live/2020/52038/sfcl/202006/t20200602_461646.html.

② 教育部. 2020 扶贫日语言扶贫成果发布会举行系列成果助力脱贫攻坚[EB/OL]. (2020-10-18)[2021-03-13]. http://www.moe.gov.cn/jyb_xwfb/gzdt_gzdt/s5987/202010/t20201019_495491.html.

③ 教育部. 教育扶贫科技助力——墨韵智能书法进校园项目第三期正式启动[EB/OL]. (2020-08-15)[2020-12-10]. http://www.moe.gov.cn/jyb_xwfb/gzdt_gzdt/s5987/202008/t20200820_479103.html.

教学产品。

(2) 语言扶贫 APP 项目自 2018 年 3 月首次在云南全省范围推广，借助信息技术助力民族地区普通话普及。截至 2019 年 8 月，在怒江、西双版纳、大理、临沧、普洱、红河、迪庆、德宏、保山 9 个州市 39 个县总计配送 2 万部定制手机，语言扶贫 APP 使用人数达 22.2 万人，云南普通话扶智取得阶段性成果。

(3) 国家通用语言文字能力在线培训于 2020 年 8 月举行"云端"结业典礼，基地学校 1 400 名师生完成对口帮扶 52 个贫困县 5 200 多名教师的普通话水平提升培训工作，据统计与普通话水平模拟测试成绩比较，完成测试的学员中 42%的人普通话水平提升了一个或以上等级，约 3 000 名学员达到二级乙等以上的普通话水平①。贫困地区、民族地区教师的国家通用语言文字的学习意识不断加强，使用能力显著提升。

4.6　清华大学教育扶贫现代远程教学站项目

1. 背景概述

教育扶贫现代远程教学站是清华大学 2003 年起自主建设，以"传播知识、消除贫困"为使命，推进信息技术促进贫困地区的人才、产业、文化、经济的发展。为了响应十九大"乡村振兴战略"，2019 年清华大学在现代远程教学站建设基础上，面向全国乡村振兴县区进一步建设乡村振兴远程教学站。

2. 培训模式

清华大学教育扶贫项目覆盖边疆、革命老区等，提供了"基础建设、资源开发共享、人才培训"一套完整的教育精准扶智模式，形成了"辐射广、可持续、可推广、见真效"的现代远程培训体系。在现代远程教学站建设基础上，以"按需定制、远程教育、本地学习"远程和面授相结合的培训方式，即按需定制配套的培训课程资源，通过卫星、互联网远程或面授进行传播，提升贫困地区的中小学师生、地方干部、农民、技术人员的脱贫智力。

3. 培训内容

在基层干部培训方面，根据县区经济、政治、文化等开发了新农村建设、村干部培训、县域经济发展、环境保护、招商引资等课程；在中小学师生培训方面，开展了乡村中小学校管理、高考考前辅导、中小学学科教育（语文、数学、英语、德

---

① 教育部. 52 个未摘帽贫困县教师国家通用语言文字能力提升在线示范培训圆满完成[EB/OL]. (2020-08-10)[2021-03-13]. http://www.moe.gov.cn/jyb_xwfb/gzdt_gzdt/s5987/202008/t20200810_477246.html.

育、美育等)等项目,以及班主任工作、高中新课程等专题指导讲座;在农民职业技能方面,开展了汽车修理师、美容师、软件开发工程师、中职生实习等培训项目;在医疗卫生方面,开展了乡镇卫生院管理培训项目和新农村人口健康促进项目等。此外,清华大学自 2006 年起每年暑假组织师生参与教育扶贫实践活动,为乡村发展提供智力支持。

4. 项目成效

清华大学项目实践取得了显著成绩,荣获了 2018 年"全国脱贫攻坚组织创新奖",极大地促进了贫困地区智力资本建设。截至 2017 年底,清华大学共计建设3 696个现代远程教学站,覆盖 1 166 个贫困县、2 530 个乡镇中小学,其中包括 553 个国家级贫困县,培训地方干部、中小学师生、农民、卫生人员累计逾 251 万人[①]。此外,清华大学累计逾 3 700 名师生到贫困地区进行教育扶贫实践活动,惠及全国 20 个省份。清华大学定点帮扶的云南南涧县,2019 年正式退出贫困县序列。清华大学与慕华教育公司于 2018 年联合建设"慕华-南涧互联网学校"网络学习平台,已全面覆盖南涧县初中、小学师生,已开通 2.8 万余个账号(其中教师 1 900 余个,学生 2.6 万余个),教师在成长平台选课达 2 354 门[②]。

4.7 国家开放大学教育信息化促进教育精准扶智工程项目

1. 背景概述

为了贯彻落实党中央、国务院和教育部党组的战略部署,充分发挥国家开放大学具有远程教育办学特点和组织体系联动的优势[③],推进教育信息化促进教育精准扶智。国家开放大学依托现代信息技术,形成全国覆盖、立体化的组织体系和世界规模最大的远程教育系统,覆盖了全国 44 个省级开放大学(广播电视大学)分部和 3 000 多个学习中心。"一村一名大学生计划"(以下简称"'一村一'项目")和"长征带"教育精准扶贫工程(以下简称"'长征带'工程")是国家开放大学利用教育信息化推进教育精准扶智的两大典型实践项目,就地培养了一大批扎根农村的高素质专业化人才,为新农村建设和乡村建设提供坚实力量。

"一村一"项目是教育部早在 2004 年提出,并由国家开放大学及其全国组织

① 张忠义,李森林. 清华大学远程教育扶贫实证研究[J]. 现代教育技术,2018,28(2):100-106.

② 教育部. 多措并举助力南涧基础教育质量提升——清华大学 2019 年全国扶贫日典型宣传材料[EB/OL]. (2019-10-14)[2021-03-13]. http://www.moe.gov.cn/jyb_xwfb/xw_zt/moe_357/jyzt_2019n/2019_zt27/zsgx/qhdx/201910/t20191014_403282.html.

③ 赖秀冬. 国家开放大学"长征带"教育精准扶贫工程在赣州启动[N]. 赣南日报,2017-04-09(001).

持续推进的典型教育扶智项目，旨在聚焦国家扶贫开发工作，为农村培养一批科技致富、传播先进文化、践行终身学习的本土人才。自 2017 年，该项目创新应用人工智能技术促进贫困、边远地区学习者获得优质学习机会。近年来，该项目升级为“乡村振兴人才培养计划”。国家开放大学于 2021 年 4 月 7 日召开“互联网＋”乡村振兴人才培养座谈会，交流了“一村一”项目的实施经验，并举行了国家开放大学乡村振兴学院揭牌仪式。

“长征带”工程是由国家开放大学牵头，于 2017 年 4 月正式启动，计划用四年时间(2017—2020 年)在红军长征路线的 12 个省市 25 个国家级贫困县，开展受援学习中心基地建设、学历和非学历教育项目，以扶智带扶贫，培养一批高素质、懂技术、有技能的本土人才。

2. 建设模式

“一村一”项目以“扶贫先扶智、扶智靠教育”的理念，依托人工智能学习平台的智能教育服务，比如语音语义分析、自主反馈、自动评分和大数据分析等，借助信息化手段汇聚优质教育资源，构建“互联网＋”自主学习与面授辅导相结合的混合式教学模式，为教育扶智对象定制学习计划和学习支持服务。

“长征带”工程本着“定向选点、体系联动、集团帮扶、量力而行、务求实效”的建设思路，采用“网络、面授、实践”相结合的混合教学方式，建设“长征带”工程，促进贫困地区、革命老区贫困人口综合素质和谋生技能的提升。

3. 建设内容

“一村一”项目和“长征带”工程都是依托国家开放大学的现代远程教育组织体系，面向农民以及贫困农户家庭子女提供高等教育服务。它们的建设内容主要包括六个方面：①免费为乡村基层干部提供免试入学本专科学历教育；②免费为建档立卡贫困成员提供国家开放大学本专科学历教育的继续教育机会；③与企业合作，免费为贫困成员提供职业培训和就业机会；④免费为青壮年劳动力开展就业技能培训，比如初高中毕业生、农村富余劳动力、进城劳动力等；⑤资助贫困县开放大学的学生顺利完成学业；⑥加强扶贫基地信息化软硬件支持。

4. 建设成效

“一村一”项目持续开展十多年，取得显著成效：培养了一大批扎根农村、高素质专业化本土人才；惠及边远边疆贫困地区弱势群体，促进教育公平；优化农村基层干部治理水平；推动农村文化经济建设，带动农村社会服务；形成良好的教育扶智品牌效应①。“一村一”项目覆盖我国 29 个省、区、市，1 513 个学习中

① 张曼茵，李广德，夏冬梅. 远程教育培养乡村振兴本土人才的先行探索——以教育部“一村一名大学生计划”为例[J]. 中国远程教育，2019(10)：1-8＋92.

心，累计开设了29个专、本专业，培养毕业生53万余人，为新农村和乡村振兴建设培养一大批实用技能人才，提高了地方智力资本[①]。2017年，"一村一"项目引入AI技术促进学习的连续性和质量提升，该项目荣获2020年"联合国教科文组织教育信息化奖"，为全球欠发达地区教育精准扶智提供了可借鉴、可复制的解决方案。

"长征带"工程计划自筹投入1.2亿元，资助1.2万名贫困成员和乡村基层干部接受学历教育、3.5万名农村务工人员接受职业技能培训、近5万名贫困学生专项资助资金，并建成43间云教室和网络机房以及17个学习资源中心[②]。以四川的苍溪县和壤塘县为例，截至2019年9月，国家开放大学资助苍溪、壤塘扶贫项目资金达370万元，资助502名建档立卡的贫困户和基层干部完成继续教育，提升学历[③]，加强两地计算机机房、云教室、国开"韬奋"书屋等基础设施建设，开展学历和非学历教育扶贫项目、地方特色产业培训，助力当地人力资源发展和经济社会发展。

4.8　香港"视像中国"远程教育项目

1. 背景概述

"视像中国"远程教育项目是香港优质教育基金会资助计划支持的一项公益性、研究示范性的基础教育领域项目，于2004年在香港成立发展至今。2011年，在上海市七宝中学成立"视像中国"远程教育发展中心，主持项目日常运行工作。该项目旨在促进跨地域、跨文化的优质教育资源传播、共享和开放教学实践，在中国内地及东南亚地区的基础教育领域形成一定影响力。

2. 项目模式

"视像中国"远程教育项目是以开放的教育实践模式，以拓展师生视野与素养为目标，实现跨文化跨区域的教育交流与协作。

3. 项目内容

"视像中国"远程教育项目主要包括远程课程、远程活动、互访交流、特色活

---

① 央广网. 国家开放大学"一村一名大学生"计划荣获"联合国教科文组织教育信息化奖"[EB/OL].(2021-04-07)[2021-04-15]. https://baijiahao.baidu.com/s?id=1696382642405858921&wfr=spider&for=pc.

② 教育部. 发挥系统办学优势，助力教育精准扶贫[EB/OL].(2017-10-17)[2021-03-13]. http://www.moe.gov.cn/jyb_xwfb/xwzt/moe_357/jyzt_2017nztzl/2017_zt12/17zt12_zsdwjyjs/201710/t20171017_316504.html.

③ 教育部. 扎根中国大地办教育——国家开放大学精准教育扶贫纪实[EB/OL].(2020-10-18)[2021-03-13]. http://www.moe.gov.cn/jyb_xwfb/xw_zt/moe_357/jyzt_2019n/2019_zt27/zsdw/kaifangdaxue/201910/t20191014_403274.html.

动等四大内容，如图 4-2 所示。2012 年，“视像中国”远程教育项目启动拓展课程交换计划，开展中学网络课程开发、香港文化交流夏令营、“信息化”主题的教师公益培训等一系列活动。至今，该项目已推出了近 300 门拓展课程，以远程实时互动方式实现师生异地教学和课程资源共享；联合高校开发面向中学生的网络课程，开发了信息素养、生涯规划、民族理解 3 个系列共计 15 门课程，促进优质资源共享和教学交流；每年组织项目区域学校开展远程教育论坛，会议规模达 200 人次，促进了项目学校老师和教育领域专家进行深度的交流和研讨；每年举办一次香港文化交流夏令营，帮助内地学生齐聚香港进行面对面的文化交流、课程体验和社会考察等活动；每年开展面向项目学校教师的以“信息化”为主题的公益培训。

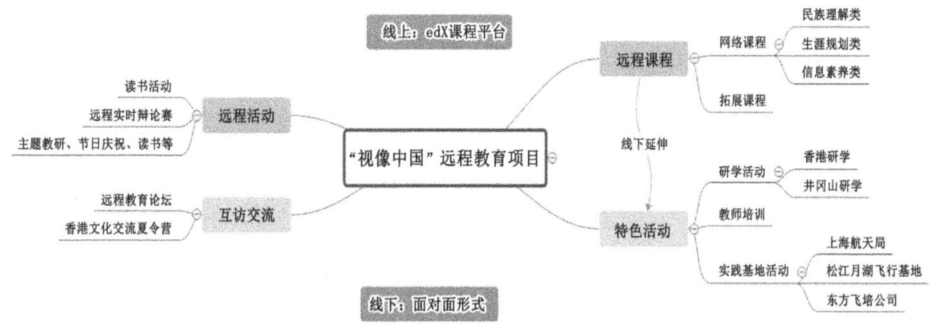

图 4-2　“视像中国”远程教育项目的四大内容

4. 项目成效

“视像中国”远程教育项目启动多项教育计划，都取得了显著效果。目前，项目已经覆盖上海、北京、河北、江西、云南、香港等 20 多个区域 400 多个项目学校，同时马来西亚、新加坡等国家也有学校参与其中。“视像中国”远程教育项目利用信息技术实现跨文化跨区域的教育交流与协作，促进多元文化包容共存，扩大与共享优质教育资源，超越校园教育，促进区域教育均衡发展。

4.9　小结

本章节选取了 21 世纪以来教育信息化促进教育精准扶智典型实践案例，并从背景、模式、内容、成效四个维度对其进行分析，为教育信息化促进教育精准扶智提供创新思路、创新方法和创新机制。从研究中可以发现，教育精准扶智问题是复杂多样的，不同的教育层次、扶智对象、发展阶段有着不同的建设需求和建设重点。早期如“农远工程”等，主要关注教育信息化基础设施建设和教学资源共享，提高贫困地区学校教育硬件条件和教育资源服务；中期如清华大学教育扶贫现代远程教学站、全国中小学教师信息技术应用能力提升工程 1.0 等,则更为关注区域教育信息化协同发展和教育扶智队伍的信息化应用能力;后期如“三个课堂”应用、语言文字扶智项目和全国中小学教师信息技术应用能力提升工程 2.0 等,则关注优质数字教育资源常态化应用和教育扶智对象的智力提升,侧重利用新一代智能技术促进教育扶智对象的全面发展。通过对上述典型实践案例的研究分析,可以总结教育信息化促进教育精准扶智具有以下特点或共性:

(1) 信息化促进教育精准扶智的建设内容广泛,因地制宜,因时而异。信息化促进教育精准扶智建设内容主要包括教育信息化基础、数字教育资源建设、教育信息化应用、教师信息技术应用能力提升、教育信息化领导力提升、教育信息化人力资源建设等六个方面,而且不同时期的建设模式、建设重点和建设内容存在较大差异。从发展阶段来看,教育信息化促进教育精准扶智建设模式从“输血式”走向“造血式”,建设重点从基础资源输入到优质资源应用、再到信息化领导力培养,建设内容从单一化教学资源到多元化教研资源。

(2) 重视校际、城乡、区域教育信息化均衡优质发展,协同提升欠发达地区教育信息化服务能力。为了解决农村边远民族地区教学活动受空间、资源、时间的限制,充分利用现代信息技术,依托“三通两平台”等开放教学云平台,实现校际、城乡、区域教育质量协同发展,并以“1+N”或“N+N”结对帮扶方式,实现优质学校与薄弱学校的精准扶智。例如,在推进“三个课堂”常态化应用中,通过专递课堂、名师课堂、名师网络课堂三种教学模式,实现优质学校的教育资源、名师课堂、网络教研资源共享,帮助贫困地区学校开齐、开好国家规定的课程,促进乡村教师专业发展,缩小城乡数字鸿沟和教育差距。

(3) 从经费、管理、设施、资源、人才等方面保障教育信息化精准扶智的可持续进行。经费保障上,教育信息化精准扶智典型实践项目启动实施经费均巨大,而且需要持续投入,在利益共同体的驱动下,除了以国家和地方政府的资金投入为主外,与企业、高校、基金组织联合投入有利于提升项目实施的持续性。教育部等部门提供政策指导,公司提供技术支持,高校提供智力支持。管理保障上,逐渐形成由上至下较为完善的项目管理办法,教育部发布相关管理要求,地方政府及相关部门根据地方实际发布政策文件,强化管理办法并实施。设施保障上,信息化基础设施建设是教育信息化精准扶智项目实施的基础保障,涉及智慧教室、网络带宽、计算机、笔记本电脑、iPad、网络学习空间、智能学习平台、软件资源等。比如清华大学教育扶贫现代远程教学站的建设目的是完善贫困地区教育信息化基础设施,为地方人才现代化远程培养提供技术支持。资源保障上,要求具有基础性、适切性和个性化,既要保障贫困地区开齐、开好国家规定的课程,也要适当开发地方经济文化的本土化资源,还要满足教育精准扶智对象的个性化学习需求。比如,墨韵智能项目为贫困地区提供同等同质的书法教育资源;语言扶贫APP项目为“三区三州”地区贫困群众提供普通话学习资源等。人才保障上，关注教育扶智队伍信息化领导力，构建跨界专家创新指导团队，全面提升教师信息技术应用能力、学校校长教育信息化领导力以及技术团队信息化支持力。

(4) 关注新一代智能技术在教育精准扶智中的应用价值，提升教育精准扶智效益。例如，语言文字扶智项目中的语言扶贫APP项目利用人工智能技术，为帮扶对象量身定制一套“学、练、用、测”一体的智能化、个性化普通话学习服务，极大地提升了贫困地区教师的国家通用语言文字学习应用能力。在国家开放大学“一村一名大学生计划”中，利用人工智能帮助贫困地区、边远地区学习者接受优质教育，保障了学习质量和学习的连续性。

第5章

教育信息化促进教育精准扶智发展现状

5.1 现状分析框架

5.1.1 现状分析框架的确立

结合教育扶贫国情和教育信息化相关实践，本研究确立了我国教育信息化促进教育精准扶智的分析框架，如表5-1所示。框架主要包括教育精准扶智概况、教育信息化发展概况、信息化支持的教育精准扶智现状3个维度14项类目，以期从宏观方面刻画经济欠发达地区教育信息化促进教育精准扶智现状，从而为新时期经济欠发达地区教育信息化促进教育精准扶智路径构建提供科学依据。

在教育精准扶智概况方面，为了更好地描述我国各地的教育精准扶智概况，本节借鉴了我国2020年12月最新修订的《中国教育监测与评价统计指标体系(2020年版)》的相关指标参数，修订后的指标体系分为5类120项，它符合当前我国教育事业的统计需要和实际情况，为教育精准扶智提供科学评价依据。另外，为描述全国贫困人口发展现状，研究还借鉴了《中国农村贫困监测报告2020》和《中国统计年鉴2020》的相关数据参数。因此，本研究确立了从贫困人口基本情况、综合教育程度、国民接受学校教育情况、学校办学条件、教育经费5个维度。通过总结脱贫攻坚全面完成背景下我国教育扶贫取得的成就以及发展现状，关注贫困地区教育现状和人口综合素质，为教育扶智指引建设方向和突破口。

在教育信息化发展概况方面，主要从国家教育信息化重视程度、网络就绪程度、网民规模与结构、网络扶贫成效四个方面，分析当前教育信息化整体发展情况。国家教育信息化重视程度方面，主要从国家教育信息化领导机构、国家教育信息化战略规划政策、教育信息化经费、国家教育信息化重大工程项目四个方面进行分析。网络就绪程度方面，主要参考互联网接入、光纤接入、4G /5G 基站建设、IPv6 专项计划、WiFi6 等数据指标，综合分析我国整体网络接入情况。网民规模与结构方面，主要从网民规模、手机网民规模、手机网民占网民比例 3 个数据指标进行分析。网络扶贫成效方面，重点关注乡村网络、农村电商、数字乡村公共服务三个方面建设现状。

表 5-1　教育信息化促进教育精准扶智现状分析框架

一级类目	二级类目	三级类目
教育精准扶智概况	贫困人口基本情况	贫困人口规模、区域分布、群体分布、经济结构
	综合教育程度	劳动力人口平均受教育年限、每十万人口中各级学校在校生数、文盲率、国家财政性教育经费占国内生产总值比例
	国民接受学校教育情况	小学教育入学率、义务教育巩固率、毕业升学率、农村学校在校生中留守儿童比例
	学校办学条件	生师比、义务教育学校全面改薄情况
	教育经费	国家财政性教育经费占国内生产总值比例、一般公共预算教育经费占一般公共预算支出比例、生均一般公共预算教育经费、生均一般公共预算公用经费、生均教育经费指数
教育信息化发展概况	国家教育信息化重视程度	国家教育信息化领导机构、国家教育信息化战略规划政策、教育信息化经费、国家教育信息化重大工程项目
	网络就绪程度	互联网接入、光纤接入、4G/5G 基站建设、IPv6 专项计划、WiFi6
	网民规模与结构	网民规模、手机网民规模、手机网民占网民比例
	网络扶贫成效	乡村网络、农村电商、数字乡村公共服务
信息化支持的教育精准扶智现状	教育精准扶智六级网络体系	教育对象识别精准性、教育帮扶措施精准性、动态管理监测、考核评价机制
	教育信息化基础环境建设	中小学计算机普及情况、网络多媒体教室覆盖率、学校接入互联网的比例、数字校园建设情况、网络学习空间建设情况、教育信息化网络基础设施建设
	优质数字教育资源共建共享	教学点数字教育资源全覆盖项目、“一师一优课、一课一名师”活动、“三通两平台”
	教育信息化应用	“三个课堂”应用情况、信息技术与课程整合情况、学生的信息素养培养情况
	教育信息化人才培养	教师信息技术应用能力培训情况、教育信息化领导力培训情况

在信息化支持的教育精准扶智现状方面，主要从教育精准扶智六级网络体系、教育信息化基础环境建设、优质数字教育资源共建共享、教育信息化应用以及教育信息化人才培养五个方面进行分析。教育精准扶智六级网络体系方面，主要通过国家各省市教育精准扶智信息化平台系统建设情况，考察教育对象识别精准性、教育帮扶措施精准性、动态管理监测、考核评价机制。教育信息化基础环境建设方面，国家高度重视并大力推进现代信息技术优化学校教学环境，尤其是近两年建设力度较大的智慧校园、教育网络、网络学习空间建设。为此，确立了从中小学计算机普及情况、网络多媒体教室覆盖率、学校接入互联网的比例、数字校园建设情况、网络学习空间建设情况、教育信息化网络基础建设 6 个指标来分析教育信息化环境建设情况。优质数字教育资源共建共享方面，主要分析数字教育资源公共服务体系和教育资源建设典型实践项目，比如教学点数字教育资源全覆盖项目、“一师一优课、一课一名师”活动、“三通两平台”。教育信息化应用方面，除了从学校、教师、学生三个基本要素考虑，综合当前基础教育阶段“三个课堂”应用实践，主要围绕信息技术与课程整合情况、“三个课堂”应用情况、学生的信息素养培养情况 3 个指标进行分析。教育信息化人才培养方面，借助教育信息化人才培养典型实践项目，分析教师信息技术应用能力培训情况和教育信息化领导力培训情况。教师和校长是地方智力建设的重点，为此，这里主要介绍了国家关于贫困地区的教师和校长信息化能力的培训项目。

5.1.2 数据来源的选取原则

为了客观地分析教育信息化促进教育扶智的现实状况和变化情况，本研究在选取数据时，主要遵循精准性、权威性、全面性三项基本原则。

精准性要求选取具有代表性和针对性的数据。教育信息化促进教育精准扶智的评价指标参考了教育信息化和教育精准扶智两个方面的评价指标，其中有些数据需要经过数学统计等处理来获得。因此，本研究在充分考虑每一类目分析需求的基础上，尽量在可获取数据中选择具有代表性的数据，来反映我国教育信息化促进教育精准扶智的发展现状。

权威性要求选取真实可信的、准确有效的数据。本研究的数据主要采集自国家统计局发布的《中国统计年鉴 2020》、国家统计局农村社会经济调查司发布的《中国农村贫困监测报告 2020》、中国互联网络信息中心(CNNIC)发布的第 47 次《中国互联网络发展状况统计报告》、中国农业农村部发布的《中国数字乡村发展报告(2020 年)》以及国家统计局统计数据库、教育部统计数据库等，保证研究数据的真实准确，使研究更具有说服力。

全面性要求选取数据既要具有广度，也要具有深度。本研究在描述全国范围内教育信息化促进教育精准扶智现状的基础上，重点关注农村贫困地区义务教育、职业教育和成人教育、高等教育的发展现状，并将数据按地区分布、人口特征、时间分布等多维方向呈现，使数据具有延伸感，以便挖掘出教育信息化促进教育精准扶智全貌。国家统计局和教育部的统计数据库具有一定的针对性和选择性，不能完全覆盖本研究的相关指标数据需求。为此，本研究除了选取我国权威组织发布的数据，还参考我国教育信息化促进教育扶智的典型实践数据，以便全面客观地描述相关现状。

5.1.3　经济欠发达地区的界定

由于不同时期我国扶贫开发工作的战略目标和任务存在差异，在继承原有扶贫工作的基础上，我国多次对贫困地区进行调整和明确。为此，界定经济欠发达地区将有助于明确我国教育精准扶智的目标。

根据我国扶贫战略规划重大事件和政策文件，我国扶贫开发县级扶持单位大致经历了五次调整。①1986 年，我国建立了专门的扶贫领导机构，明确 258 个国家级贫困县。②"八七"扶贫攻坚期间，增至 592 个国家级贫困县。③2001 至 2010 年，保持 592 个国家扶贫开发重点县总数不变，并在此基础上确定了 14.8 万个贫困村。④2011 至 2020 年，以连片特困地区为主战场，确立了 14 个片区 680 个分县[①]。2014 年，全国正式公布 832 个贫困县，涉及 22 个省区市，其中西藏全区贫困县覆盖率最高(74 个)。⑤随着脱贫攻坚工作进入最后关键时期，2017 年 8 月，中共中央办公厅、国务院办公厅发布《关于支持深度贫困地区脱贫攻坚的实施意见》的通知，提出以中央为统筹，重点支持"三区三州"等深度贫困地区，将 169 个深度贫困县纳入扶贫工作重点[②]。

为了比较区域教育扶智概况，参考国家统计局区域经济划分办法，将我国划分为东部、中部、西部、东北部四大地区[③]。此外，根据相关统计数据需要，《中国农村贫困监测报告 2020》中的贫困地区数据主要是 2014 年公布的 832 个贫困县。

当前，我国已经全面消除绝对贫困，传统划分的贫困地区术语表达不再适用，为此本研究将其界定为"经济欠发达地区"，泛指原集中连片特困地区和片区外国家贫困县以及农村地区。

① 国家乡村振兴局. 关于公布全国连片特困地区分县名单的说明[EB/OL]. (2012-06-14)[2021-03-13]. http://www.cpad.gov.cn/art/2012/6/14/art_50_23717.html.

② 国务院. 中办国办印发意见支持深度贫困地区脱贫攻坚[EB/OL]. (2017-11-21)[2021-03-13]. http://www.gov.cn/zhengce/2017-11/21/content_5241334.htm.

③ 国家统计局. 东西中部和东北地区划分方法[EB/OL]. (2011-06-13)[2021-03-13]. http://www.stats.gov.cn/ztjc/zthd/sjtjr/dejtjkfr/tjkp/201106/t20110613_71947.htm.

5.2 教育扶智现状

5.2.1 贫困人口基本情况

1. 贫困人口规模

2010 年至 2020 年,全国农村贫困人口和贫困发生率持续下降,如图 5-1 所示。2010 年至今,贫困人口累计缩减了16 567 万人,贫困发生率降低了17.2%,年均 1 657 万贫困人口脱贫,年均贫困发生率下降 1.72%。截至 2019 年末,我国剩余 52 个贫困县、2 707 个贫困村,551 万贫困人口还未脱贫①。截至 2020 年底,12.8 万个贫困村全部出列、832 个贫困县全部摘帽、现行标准下 9 899 万农村贫困人口全部脱贫②。

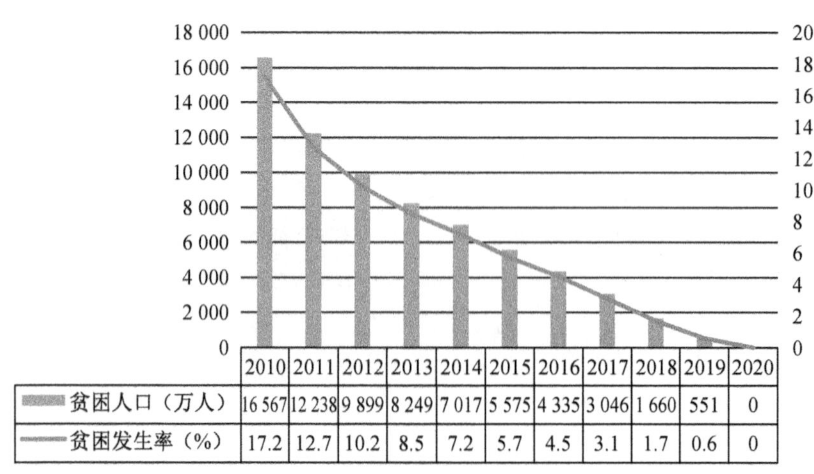

图 5-1 2010—2020 年全国农村贫困人口和贫困发生率变化情况

(原始数据来源:国家统计局数据库,中国统计年鉴 2020,http://www.stats.gov.cn/tjsj/ndsj/2020/indexch.htm)

2. 区域分布

通过分析 2010 年至 2019 年部分地区农村贫困人口情况,如表 5-2 所示,可以发现:①2019 年,东部、中部、西部地区农村贫困人口分别是 47 万、181 万和

① 光明网. 国务院扶贫办:聚焦深度贫困地区带领 551 万贫困人口年底脱贫摘帽[EB/OL].(2020-03-12)[2021-03-13]. https://m.gmw.cn/2020-03/12/content_33645422.htm.

② 新华网. 新华社论习近平总书记在全国脱贫攻坚总结表彰大会重要讲话[EB/OL].(2021-02-25)[2021-03-13]. http://news.hnr.cn/rmrtt/article/1/1364936447794221056.

323 万，占全国贫困人口比重分别是 8.52%、32.85%、88.62%，贫困发生率分别是 0.1%、0.6%、1.1%。②与 2018 年相比较，2019 年东、中、西部地区农村贫困人口减少约三分之二，减少数量分别是 100 万、416 万、593 万，东、中、西部地区贫困发生率分别下降了 0.3%、1.2%和 2.1%。③从首次低于 1 000 万贫困人口的时间来看，东、中、西部地区的时间节点分别在 2014 年、2018 年、2018 年。④从近 10 年的减贫速度来看，东部地区减贫速度由大到小的年份分别是 2010—2011 年、2014—2015 年、2011—2012 年，分别减少了 932 万人、303 万人、288 万人。中部地区减贫速度由大到小的年份分别是 2010—2011 年、2011—2012 年、2017—2018 年，分别减少了1 313 万人、792 万人和 515 万人。西部地区减贫速度由大到小的年份分别是 2010—2011 年、2011—2012 年和 2012—2013 年，分别减少了 2 084 万人、1 259 万人和 877 万人。整体上看，2010 年以来，我国贫困人口主要集中在中西部地区，占全国贫困人口的七成以上。东、中、西部地区贫困人口、贫困发生率持续下降，尤其在 2010 年、2011 年取得显著的减贫效果，并且中、西部减贫速度整体大于东部地区。这也说明我国减贫主力集中在中、西部地区，同时国家对东、中、西部地区的整体扶持力度加大。

表 5-2　2010—2019 年分地区农村贫困人口情况

年 份	贫困人口规模(万人)			贫困发生率(%)		
	东部	中部	西部	东部	中部	西部
2010	2 587	5 551	8 429	7.4	17.2	29.2
2011	1 655	4 238	6 345	4.7	13.1	21.9
2012	1 367	3 446	5 086	3.9	10.6	17.5
2013	1 171	2 869	4 209	3.3	8.8	14.5
2014	956	2 461	3 600	2.7	7.5	12.4
2015	653	2 007	2 914	1.8	6.2	10.0
2016	490	1 594	2 251	1.4	4.9	7.8
2017	300	1 112	1 634	0.8	3.4	5.6
2018	147	597	916	0.4	1.8	3.2
2019	47	181	323	0.1	0.6	1.1

(原始数据来源：国家统计局住户调查办公室. 中国农村贫困监测报告 2020[M]. 北京：中国统计出版社，2020)

为了全面完成脱贫攻坚目标任务，原国务院扶贫办对 2019 年底 2 707 个贫困村中的 1 113 个深度贫困村进行挂牌督战，挂牌督战村数量分布如表 5-3 所示。从挂牌督战村数量来看，全国共 1 113 个，新疆维吾尔自治区约占 32.70%、四川省约占 26.86%、云南省约占 26.23%、甘肃省约占 9.34%、广西壮族自治区约占 4.31%，贵州省约占 0.54%。从大于 1 000 人的贫困村来看，全国共 88 个，其中云南省约占全国的 84.09%，四川省约占 11.36%。从贫困发生率大于 10%的贫困村来看，全国共 1 025 个，新疆维吾尔自治区约占全国的 35.51%，四川省约占 28.20%，云南省约占 21.27%，甘肃省约占 10.15%。综合发现，新疆维吾尔自治区、四川省、云南省是难度最大、任务最重的扶贫地区。

表 5-3　2020 年挂牌督战村数量分布

省份	挂牌村	贫困人口>1 000 人的村	贫困发生率>10%的村
广西壮族自治区	48	4	44
四川省	299	10	289
贵州省	6	0	6
云南省	292	74	218
甘肃省	104	0	104
新疆维吾尔自治区	364	0	364
合计	1 113	88	1 025

（原始数据来源：央视新闻，2020 全国 52 个挂牌督战贫困县名单，http://www.mnw.cn/news/china/2338680.html）

从 2019 年全国各省农村贫困人口分布情况来看，如图 5-2 所示：①农村贫困人口在 50 万人以上有 5 个省份，分别是云南、贵州、四川、河南和广西，农村贫困人口在 10～50 万人之间有 5 个省份，分别是甘肃、湖南、新疆、陕西和山西，其余省份农村贫困人口均在 10 万人以下。②贫困发生率在 1.0%及以上有 8 个省份，由高到低分别是甘肃、云南、新疆、贵州、西藏、青海、广西、宁夏；贫困发生率在 0.5%～1.0%有 6 个省份，由高到低分别是四川、湖南、河南、陕西、山西、吉林。③2019 年各省贫困发生率均不大于 3.5%，5 个省份农村贫困人口在 50 万人以上，8 个省份贫困发生率在 1.0%及以上。

3. 群体分布

通过观察 2019 年各年龄段农村贫困发生率情况可以发现，如图 5-3 所示：①0～20 岁、21～40 岁、41～60 岁、61～80 岁、80 岁以上贫困发生率分别是 0.6%、0.5%、0.4%、0.8%、1.5%。②首先，按照 20 岁年龄间隔组的贫困发生率分布呈现“U”形，即儿童和老年人贫困发生率较高，青壮年贫困发生率较低。其次，按照性别分组，男性和女性的贫困发生率没有明显差异①。

通过分析 2019 年农村户主受教育程度和贫困发生率分布情况可知，如图 5-4 所示：①户主受教育程度为“未上过学”“小学”“初中”“高中及以上”的群体

① 国家统计局住户调查办公室. 中国农村贫困监测报告 2020[M]. 北京：中国统计出版社，2020.

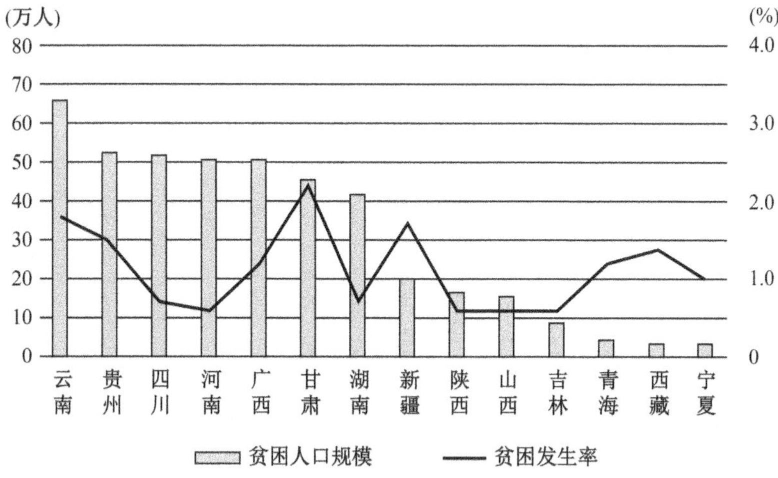

图 5-2　2019 年部分省份农村贫困人口分布情况

(原始数据来源:国家统计局住户调查办公室.中国农村贫困监测报告 2020[M].北京:中国统计出版社,2020)

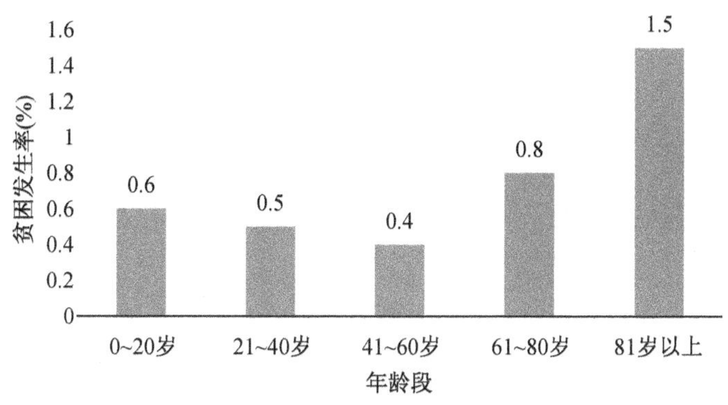

图 5-3　2019 年各年龄段农村贫困发生率情况

(原始数据来源:国家统计局住户调查办公室.中国农村贫困监测报告 2020[M].北京:中国统计出版社,2020)

中,贫困发生率分别为 2.0%、0.9%、0.4%、0.2%。②农村户主受教育程度与贫困发生率呈反比。

4. 经济结构

(1) 经济收入及结构

近年来,城乡居民人均收入比较情况,如表 5-4 所示:①2013—2019 年,农村和城镇居民的人均收入都保持较快的增长速度,而且农村居民名义上人均收入增长速度快于城镇居民。②2014—2019 年,农村和城镇居民人均可支配收入年均增

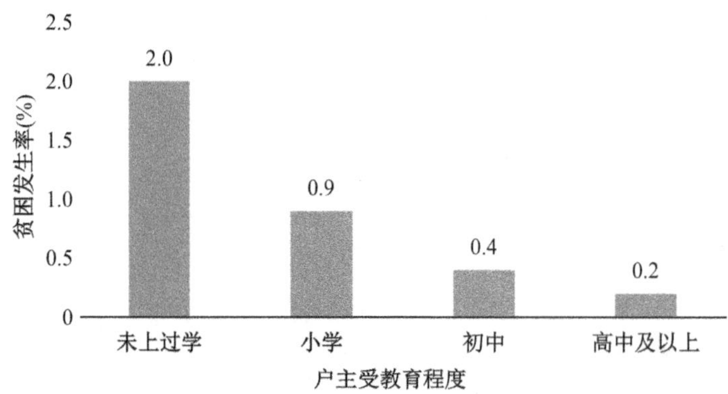

图 5-4　2019 年按户主受教育程度分组农村贫困发生率

（原始数据来源：国家统计局住户调查办公室. 中国农村贫困监测报告 2020[M]. 北京：中国统计出版社，2020）

长率分别是 9.22%和 8.17%。③2013—2019 年，城镇居民与农村居民人均可支配收入的比率分别约是 2.81、2.75、2.73、2.72、2.71、2.69、2.64。虽然城乡居民人均可支配收入比缓慢下降，但仍旧可以看出城乡居民人均可支配收入相差悬殊。

表 5-4　2013—2019 年全国农村与城镇居民人均可支配收入对比情况

年份	人均可支配收入（元）		名义增速（%）	
	农村	城镇	农村	城镇
2013	9 430	26 467	12.4	—
2014	10 489	28 844	11.2	9.0
2015	11 422	31 195	8.9	8.2
2016	12 363	33 616	8.2	7.8
2017	13 432	36 396	8.6	8.3
2018	14 617	39 251	8.8	7.8
2019	16 020	42 359	9.6	7.9

（原始数据来源：国家统计局数据库，中国统计年鉴 2020，http://www.stats.gov.cn/tjsj/ndsj/2020/indexch.htm）

2019 年城乡居民人均收入对比情况，如表 5-5 所示：①2019 年农村居民人均可支配收入为 16 020 元，较上一年增长了 9.6%。工资净收入、经营净收入、财产净收入和转移净收入分别占总收入的 41.10%、35.97%、2.35%、20.59%。②2019 年城镇居民人均可支配收入为 42 359 元，较上一年名义上增长 7.9%。工资净收入、经营净收入、财产净收入和转移净收入分别占总收入的 60.35%、11.43%、10.37%、17.85%。③从 2019 年居民工资结构来看，城镇居民在工资净收入和财产净收入方面占绝对优势；而农村居民在经营净收入方面占绝对优势，其他方面两者相差不大。④2019年农村居民在工资净收入、财产净收入和转移净收入方面较2018年的增速均高于城镇居民。

表5-5 2019年全国农村与城镇居民人均收入对比情况

指标名称	人均收入(元)		占人均可支配收入比例(%)		名义增速(%)	
	农村	城镇	农村	城镇	农村	城镇
可支配收入	16 020	42 359	—	—	9.6	7.9
工资净收入	6 584	25 565	41.10	60.35	9.8	7.5
经营净收入	5 762	4 840	35.97	11.43	7.5	8.9
财产净收入	377	4 391	2.35	10.37	10.2	9.0
转移净收入	3 298	7 563	20.59	17.85	12.9	8.2

注：本书表格中数据取四舍五入。
（原始数据来源：国家统计局数据库，中国统计年鉴2020，http://www.stats.gov.cn/tjsj/ndsj/2020/indexch.htm）

(2) 经济支出及结构

在2019年城乡居民人均支出情况方面，如表5-6所示：①从2019年人均消费支出占人均可支配收入比例来看，农村居民远远超过城镇居民，分别是83.20%和66.25%。②2019年，城镇居民在居住、教育文化娱乐、生活用品及服务、衣着等方面占人均支出比例超过农村居民，反之，农村居民在食品烟酒、交通通信、医疗保障方面占人均支出比例高于城镇居民。③从各类消费支出名义增速比较来看，农村居民在衣着、交通通信、食品烟酒、教育文化娱乐、医疗保障等方面远远超过城镇居民的名义增速。

表5-6 2019年全国农村和城镇居民人均支出对比情况

指标名称	人均支出(元)		占人均支出比例(%)		名义增速(%)	
	农村	城镇	农村	城镇	农村	城镇
人均消费支出	13 328	28 063	—	—	9.93	7.47
食品烟酒	3 998	7 733	30.00	27.56	9.65	6.82
衣着	713	1 832	5.35	6.53	10.54	1.33
居住	2 871	6 780	21.54	24.16	7.93	8.39
生活用品及服务	764	1 689	5.73	6.02	5.96	3.68
交通通信	1 837	3 671	13.78	13.08	8.70	5.67

续表

指标名称	人均收入(元)		占人均可支配收入比率(%)		名义增速(%)	
	农村	城镇	农村	城镇	农村	城镇
教育文化娱乐	1 482	3 328	11.12	11.86	13.82	11.90
医疗保障	1 421	2 283	10.66	8.14	14.60	11.58
其他用品及服务	242	747	1.82	2.66	11.01	8.73

(原始数据来源:国家统计局数据库,中国统计年鉴2020,http://www.stats.gov.cn/tjsj/ndsj/2020/indexch.htm)

(3)耐用消费品拥有情况

2019年全国农村和城镇居民平均每百户拥有主要耐用消费品情况,如表5-7所示。①2019年平均每百户主要耐用消费品拥有量在100以上的为:农村居民移动电话(261.2部)、彩色电视机(117.6台),城镇居民移动电话(247.4部)、空调(148.3台)、彩色电视机(122.8台)、电冰箱(102.5台)。②2019年农村居民平均每百户拥有主要耐用消费品增长量在5以上的有排油烟机(11.54台)、空调(6.1台)、电动助力车(5.2辆),增长率分别为44.38%、9.36%、8.01%。城镇居民平均每百户拥有主要耐用消费品增长量在5以上的只有空调(6.1台),增长率为4.29%。2019年城乡居民平均每百户摩托车和照相机的拥有量呈负增长,城镇居民平均每百户计算机拥有量也呈负增长。③从2019年增长率对比来看,农村居民平均每百户拥有主要耐用消费品增长率由大到小的前三名产品分别为排油烟机(44.38%)、家用汽车(9.72%)、空调(9.36%);城镇居民平均每百户拥有主要耐用消费品增长率由大到小的前三名产品分别为电动助力车(8.00%)、家用汽车(5.37%)、空调(4.29%)。④从信息化设备拥有情况对比来看,2019年农村居民平均每百户拥有量和增长率分别是计算机27.5台(2.23%)、移动电话261.2部(1.63%)、彩色电视机117.6台(0.86%)、照相机2.3台(−8.00%);而城镇居民是计算机72.2台(−1.23%)、移动电话247.4部(1.77%)、彩色电视机122.8台(1.24%)、照相机19.5台(−3.47%)。整体来看,农村居民生活水平大大提高,农村居民与城镇居民拥有主要耐用消费品差距不大。移动电话和彩色电视机已经普及,而计算机有待普及,农村居民计算机拥有量仅约占城镇居民的三分之一。

表5-7　2019年全国农村和城镇居民平均每百户拥有主要耐用消费品情况

指标名称	平均每百户拥有量		较上一年增长量		较上一年增长率(%)	
	农村	城镇	农村	城镇	农村	城镇
家用汽车(辆)	24.7	43.2	2.4	2.2	9.72	5.37

续表

指标名称	平均每百户拥有量		较上一年增长量		较上一年增长率(%)	
	农村	城镇	农村	城镇	农村	城镇
摩托车(辆)	55.1	18.7	−2.3	−0.8	−4.01	−4.10
电动助力车(辆)	70.1	59.4	5.2	4.4	8.01	8.00
洗衣机(台)	91.6	99.2	2.1	1.5	2.37	1.54
电冰箱(台)	98.6	102.5	2.7	1.6	2.82	1.59
微波炉(台)	18.9	55.7	1.2	0.5	6.78	0.91
彩色电视机(台)	117.6	122.8	1.0	1.5	0.86	1.24
空调(台)	71.3	148.3	6.1	6.1	9.36	4.29
热水器(台)	71.7	98.2	3.0	1.0	4.37	1.03
排油烟机(台)	29.0	81.7	11.54	2.6	44.38	3.29
移动电话(部)	261.2	247.4	4.2	4.3	1.63	1.77
计算机(台)	27.5	72.2	0.6	−0.9	2.23	−1.23
照相机(台)	2.3	19.5	−0.2	−0.7	−8.00	−3.47

(原始数据来源:国家统计局数据库,中国统计年鉴 2020,http://www.stats.gov.cn/tjsj/ndsj/2020/indexch.htm)

5.2.2 综合教育程度

在参考《中国教育监测与评价统计指标体系(2020 年版)》中“综合教育程度”类的 8 项指标的基础上,本小节拟从劳动力人口受教育程度分布比例、每十万人口各级教育平均在校生数、文盲人口分布比例三个方面考察综合教育程度。“劳动力人口受教育程度分布比例”指标,这里参考了《中国统计年鉴 2020》中 6 岁及以上人口的受教育程度全国抽样数据调查(抽样比 0.780%),以及《中国农村贫困监测报告 2020》中贫困地区劳动力人口受教育程度监测数据,从而刻画全国和贫困地区的劳动力人口平均受教育程度。“每十万人口各级教育平均在校生数”指标,一定程度上可以反映全国各级教育阶段的人口比重。按照我国现行学制,大专及以上为 16 年、高中为 12 年、初中为 9 年、小学为 6 年、文盲为 0 年。“文盲人口分布比例”指标方面,取 15 岁及以上不识字或识字很少的人口。“文盲人口分布比例”指标一定程度上反映了全国各地 15 岁及以上年龄段文盲人口占总人口的比重。

1. 劳动力人口受教育程度分布比例

2019 年我国 6 岁及以上人口的受教育程度情况,如表 5-8 所示。以下数据按照未上过学、小学、初中、普通高中、中职、大学专科、大学本科和研究生排序：①全国 6 岁及以上人口各级受教育程度占总抽样人口的比例分别为 5.11%、25.29%、37.29%、13.01%、4.73%、7.67%、6.27%、0.64%。其中，小学受教育程度约占总抽样人口的四分之一，初中约占三分之一，而大学专科及以上受教育程度约占七分之一。②男性各级受教育程度人口占总抽样人口的比例分别为 2.84%、23.46%、39.38%、14.27%、5.13%、8.00%、6.27%、0.65%。女性各级受教育程度人口占总抽样人口的比例分别为 7.45%、27.19%、35.12%、11.70%、4.31%、7.33%、6.27%、0.63%。③除了小学及以下受教育程度以外，男性各级受教育人数及占总抽样人口的比例均不低于女性，这说明男性整体文化程度略高于女性。

表 5-8　2019 年全国 6 岁及以上人口的受教育程度情况

受教育程度	总抽样人口（人）	男（人）	女（人）	各级受教育程度占总抽样人口比例（%）	男性占男总抽样人口比例（%）	女性占女总抽样人口比例（%）
未上过学	51 892	14 714	37 178	5.11	2.84	7.45
小学	257 030	121 439	135 591	25.29	23.46	27.19
初中	379 039	203 850	175 189	37.29	39.38	35.12
普通高中	132 219	73 884	58 336	13.01	14.27	11.70
中职	48 066	26 581	21 485	4.73	5.13	4.31
大学专科	77 946	41 395	36 551	7.67	8.00	7.33
大学本科	63 739	32 450	31 289	6.27	6.27	6.27
研究生	6 485	3 341	3 144	0.64	0.65	0.63
合计	1 016 417	517 653	498 764	100	100	100

（原始数据来源：国家统计局数据库，中国统计年鉴 2020，http://www.stats.gov.cn/tjsj/ndsj/2020/indexch.htm）

如表 5-9 所示，通过分析 2018 年与 2019 年贫困地区劳动力人口受教育程度对比情况可以发现：①从受教育年限对比来看，2019 年贫困地区劳动力受教育年限为 7.7 年，比 2018 年降低了 0.1 年。②从性别来看，2019 年贫困地区男性劳动力受教育年限为 8.4 年,较 2018 年降低了 0.1 年;2019 年贫困地区女性劳动力受教育年限为 7.0 年,较 2018 年降低了 0.2 年。③从各级文化程度来看,2019 年贫困地区男性、女性劳动力中初中及以下文化程度人口分别占 85.5%、93.8%,较 2018 年分别下降了 1.2%、0.0%。整体上看,2019 年贫困地区人口平均受教育年限稍有下降,而且女性的受教育程度普遍低于男性。

表 5-9　2018 年与 2019 年贫困地区劳动力人口受教育程度对比情况(单位:%)

劳动力文化程度	2018			2019		
	全体成员	男	女	全体成员	男	女
不识字或识字不多	4.9	1.9	8.0	5.8	1.5	10.0
小学	41.8	33.6	50.2	43.1	35.8	50.3
初中	42.3	48.8	35.6	40.8	48.2	33.5
高中	7.9	12.0	3.8	7.3	11.0	3.7
大专及以上	3.1	3.7	2.4	3.0	3.5	2.5
换算为受教育年限(年)	7.8	8.5	7.2	7.7	8.4	7.0

(原始数据来源:国家统计局住户调查办公室.中国农村贫困监测报告 2020[M].北京:中国统计出版社,2020)

2. 每十万人口各级教育平均在校生数

如表 5-10 所示,通过对比 2009—2019 年每十万人口各级教育平均在校生数情况发现:①2019 年,每十万人口各级教育平均在校生数占比按由大到小的顺序分别为小学 7 569 人、初中阶段 3 459 人、学前教育 3 378 人、高等阶段 2 857 人、高中阶段 2 850 人。②2009—2019 年,每十万人口平均在校生数占比由大到小,整体依次为小学、初中、高中、学前教育、高等教育。自 2015 年开始,学前教育平均在校生数持续反超高中阶段平均在校生数。③2009—2019 年,学前教育、高等阶段每十万人口在校生整体呈上升趋势,初中阶段、高中阶段整体呈下降趋势,而 2009—2013 年小学在校生数保持下降,2014—2019 年出现相反走势,持续上升。④目前,义务教育阶段受教育人口占据较大比重,学前教育和高等阶段教育占比越来越重。由此可见,我国应该高度重视基础教育发展,稳定提升高等教育质量。

表 5-10　2009—2019 年每十万人口各级学校平均在校生数(单位:人)

年份	学前教育	小学	初中阶段	高中阶段	高等阶段
2009	2 001	7 584	4 097	3 495	2 128
2010	2 230	7 448	3 955	3 504	2 189

续表

年份	学前教育	小学	初中阶段	高中阶段	高等阶段
2011	2 554	7 403	3 779	3 495	2 253
2012	2 736	7 196	3 535	3 411	2 335
2013	2 876	6 913	3 279	3 227	2 418
2014	2 977	6 946	3 222	3 100	2 488
2015	3 118	7 086	3 152	2 965	2 524
2016	3 211	7 211	3 150	2 887	2 530
2017	3 327	7 300	3 213	2 861	2 576
2018	3 350	7 438	3 347	2 828	2 658
2019	3 378	7 569	3 459	2 850	2 857

（原始数据来源：国家统计局数据库，中国统计年鉴 2020，http://www.stats.gov.cn/tjsj/ndsj/2020/indexch.htm）

3. 文盲人口分布比例

如表 5-11 所示，通过分析 2019 年全国东、中、西部及东北地区文盲人口分布情况发现：①2019 年，全国 15 岁及以上文盲人口有 41 696 人，其中东部地区有 15 385 人(36.90%)，西部地区有 15 196 人(36.44%)，中部和东北部共 11 115 人(26.66%)。②全国东、中、西部及东北部地区文盲按性别显著不均衡分布，各地区女性文盲人口占 15 岁及以上总文盲人口比例远远超过男性的比例，其中以东部地区和中部地区最为显著。③我国 15 岁及以上文盲主要集中在东、西部地区，超过全国的三分之二，而且全国东、中、西部及东北地区 15 岁及以上女性文盲占文盲总人口比例远超过男性文盲比例，为此尤其需要关注妇女儿童的教育。

表 5-11　2019 年全国东、中、西部及东北部地区文盲人口情况

地区	15 岁及以上人口(人)	15 岁及以上文盲人口(人)	15 岁及以上女性文盲人口(人)	15 岁及以上男性文盲人口(人)	15 岁及以上文盲人口占总人口比例(%)	15 岁及以上女性文盲人口占地区文盲人口比例(%)	女性文盲人口占地区 15 岁及以上人口比例(%)
全国	908 609	41 696	31 511	10 185	4.59	75.57	3.47
东部	355 354	15 385	12 956	2 429	4.33	84.21	3.65
中部	235 134	9 629	7 354	2 275	4.10	73.37	3.13

续表

地区	15 岁及以上人口(人)	15 岁及以上文盲人口(人)	15 岁及以上女性文盲人口(人)	15 岁及以上男性文盲人口(人)	15 岁及以上文盲人口占总人口比例(%)	15 岁及以上女性文盲人口占地区文盲人口比例(%)	女性文盲人口占地区 15 岁及以上人口比例(%)
西部	243 026	15 196	10 148	5 048	6.25	66.78	4.18
东北部	75 095	1 486	1 053	433	1.98	70.86	1.40

(原始数据来源:国家统计局数据库,中国统计年鉴 2020,http://www.stats.gov.cn/tjsj/ndsj/2020/indexch.htm)

5.2.3　国民接受学校教育状况

国民接受学校教育状况方面,主要从净入学率、升学率以及义务教育阶段农村在校生中留守儿童所占比例情况进行考察。净入学率表示某一级教育在校生人数占该级教育国家规定的年龄段总人口的比率,净入学率越高表示该级教育适龄儿童接受教育的机会越高,这里主要考察学龄儿童的净入学率。义务教育巩固率指标能够直接反映控辍保学的成效,可以作为义务教育质量评价的重要参数。升学率是指某一级教育毕业学生升入高一年级学校的比例,该指标可用以反映该级教育学生接受更高一级教育的情况,数值越高表示高一级教育资源越充足。义务教育阶段农村在校生中留守儿童所占比例指标能够反映农村义务教育阶段留守儿童的相对比重。

如表 5-12 所示,通过观察 2009—2020 年国民接受学校教育状况发现:①2020 年,学前教育毛入园率为 85.2%,小学净入学率为 99.96%,义务教育巩固率为 95.2%;较上一年分别增长 1.8%、0.02%、0.4%。②与 2015 年相比,2019 年学前教育毛入园率、小学净入学率、小学升学率和初中升学率都有明显增长,分别增长了 8.4%、0.06%、1.3%、1.4%。而 2019 年普通小学、初中农村留守儿童在校生占各级农村教育在校生数所占比例较 2015 年分别降低了 8.96%、19.91%。③2009—2019 年,学前教育毛入园率、小学净入学率、小学升学率整体呈上升趋势。初中升学率整体上波动较大,在 2012、2015 和 2016 年有明显的下降。④2014—2019 年,农村留守儿童在校生数整体呈下降趋势。

表 5-12　2009—2020 年国民接受学校教育状况

年份	学龄儿童入学情况			各级普通学校毕业升学率		农村留守儿童在校情况			
	学前教育毛入园率（%）	小学净入学率（%）	义务教育巩固率（%）	小学升学率（%）	初中升学率（%）	普通小学留守儿童在校生数（万人）	初中留守儿童在校生数(万人)	占农村普通小学在校生总数比例(%)	占农村初中在校生总数比例（%）
2009	46.1	99.40	—	99.1	85.6	—	—	—	—
2010	—	99.70	—	98.7	87.5	—	—	—	—
2011	—	99.79	—	98.3	88.9	—	—	—	—
2012	64.5	99.85	91.8	98.3	88.4	—	—	—	—
2013	—	99.71	92.3	98.3	91.2	—	—	—	—
2014	—	99.81	92.6	98.0	95.1	1 409.5	665.9	46.21	88.96
2015	75.0	99.88	93.0	98.2	94.1	1 383.7	635.6	45.14	90.48
2016	77.4	99.92	93.4	98.7	93.7	—	—	—	—
2017	79.6	99.91	93.8	98.8	94.9	1 064.5	486.1	38.35	75.55
2018	81.7	99.95	94.2	99.1	95.2	998.7	475.7	37.47	73.37
2019	83.4	99.94	94.8	99.5	95.5	925.4	459.0	36.18	70.57
2020	85.2	99.96	95.2	—	—	—	—	—	—

（原始数据来源：国家统计局数据库，中国统计年鉴 2020，http://www.stats.gov.cn/tjsj/ndsj/2020/indexch.htm；教育部，2020 年全国教育事业统计主要结果，http://www.moe.gov.cn/jyb_xwfb/gzdt_gzdt/s5987/202103/t20210 301_516062.html）

5.2.4　学校办学条件

学校办学条件上，重点关注各级学校的生师比和国家重点推进的"义务教育学校全面改薄"建设项目两个方面。

如表 5-13 所示：在生师比方面，从全国 2009—2019 年各级学校生师比情况来看：①2019 年，各级教育生师比（较上一年下降数）由小到大分别是普通高校、初中、普通高中、普通小学、中等职业学校。②2009—2019 年，各级教育平均生师比分别是普通小学 17.20、初中 13.34、普通高中 14.55、中等职业学校 21.98、普通高校 17.51，生师比平均数最高的是中等职业学校，最低的是初中。③2009—2015 年初中生师比持续下降，2016 年维持上一年不变，2016 年以后持续上升；近十年来，普通高中、中等职业学校生师比整体保持下降趋势。近年来，在国家大力支持下，乡村教师队伍建设取得显著成效。据统计，“特岗计划”实施以来，中、西部 1 000 多个县 30 000 多所乡村学校扩招 95 万名教师；“国培计划”完成中、西部地区约 1 700 万名乡村教师和校长培训；127 万名连片特困地区教师受到生活补助，19 万名教师被选派到边远贫困地区、革命老区、边疆民族地区支教，其中超过一半的教师学历在本科及以上，四成教师为中级职称①。

表 5-13　2009—2019 年各级学校生师比情况(教师人数＝1)

年份	普通小学	初中	普通高中	中等职业学校	普通高校
2009	17.88	15.47	16.30	25.27	17.27
2010	17.70	14.98	15.99	25.69	17.33
2011	17.71	14.38	15.77	25.01	17.42
2012	17.36	13.59	15.47	24.19	17.52
2013	16.76	12.76	14.95	22.97	17.53
2014	16.78	12.57	14.44	21.34	17.68
2015	17.05	12.41	14.01	20.47	17.73
2016	17.12	12.41	13.65	19.84	17.07
2017	16.98	12.52	13.39	18.98	17.52
2018	16.97	12.79	13.10	19.10	17.56
2019	16.85	12.88	12.99	18.94	17.95
平均数	17.20	13.34	14.55	21.98	17.51

(原始数据来源：国家统计局数据库，中国统计年鉴 2020，http://www.stats.gov.cn/tjsj/ndsj/2020/indexch.htm)

在“义务教育学校全面改薄”方面，我国于 2013 年底正式启动“全面改薄”工作，工作地区主要集中在中西部农村贫困地区，覆盖全国 2 656 个县，要求薄弱学校在校舍、体育场地建设和教育技术装备等方面达到 20 条底线要求。截至 2018 年底，我国中央财政投入专项基金 1 699 亿元，地方投入 3 727 亿元，超出规划 200 多亿元，是中华人民共和国成立以来我国义务教育史上投资最大的单项工程②。截至 2018 年底，全国 99.76%的义务教育学校的办学条件达到 20 条底线③，共计投放 3 420 万套学生桌椅、6.24 亿册图书、2.99 亿台件套

① 中国青年报．教育扶贫斩“穷根”——全国教育系统脱贫攻坚综述[EB/OL]．(2021-03-03)[2021-03-13]．https://news.eol.cn/jytp/news/202103/t20210303_2080262.shtml.

② 张烁．这张成绩单，有看点[N]．人民日报，2019-02-27(012).

③ 张烁．这张成绩单，有看点[N]．人民日报，2019-02-27(012).

教学仪器、1 809 万台件套生活设施设备、超过 510 万台计算机、1 428 万 GB 数字教育资源,90%以上义务教育学校接入网络[①]。“全面改薄”工作在我国义务教育史上具有里程碑意义,全面解决了我国长期存在的“校舍危房”等现实问题,全面改善了我国农村中小学校信息化基础设施,为教育均衡优质发展奠定了良好基础。

5.2.5 教育经费

参考《中国教育监测与评价统计指标体系(2020 年版)》中“教育经费”类相关指标,本小节确定了国家财政性教育经费占国内生产总值比例、一般公共预算教育经费占一般公共预算支出比例、生均一般公共预算教育事业费、生均一般公共预算公用经费支出、生均教育经费指数 5 项数据参数,以反映教育经费保障的充足情况。需要说明的是,这里各级生均教育经费指数是指各级一般公共预算教育经费与人均 GDP 比例,2019 年人均 GDP 为 70 776.08 元。

据统计,2019 年我国国家财政性教育经费为 40 046.55 亿元,比 2018 年 36 995.77 亿元增长 8.25%,占 2019 年我国 GDP(990 865 亿元)的 4.04%[②]。2019 年全国一般公共预算教育经费(34 648.57 亿元)占一般公共预算支出的 14.51%,较 2018 年增长 0.03%[③]。

如表 5-14 所示,通过分析 2019 年各级教育经费执行情况可以发现:①与 2018 年比较,2019 年全国各级教育的生均一般公共预算教育事业费增长率由小到大分别是普通高等学校(5.09%)、普通初中(5.33%)、普通小学(5.97%)、中等职业学校(8.31%)、普通高中(9.23%)、幼儿园(14.32%)。②与 2018 年比较,2019 年全国各级教育的生均一般公共预算公用经费增长率由小到大分别是普通小学(1.76%)、普通初中(2.68%)、普通高等学校(3.81%)、中等职业学校(5.84%)、普通高中(8.17%)、幼儿园(11.5%)。③2019 年生均教育经费指数按由小到大分别是幼儿园(12.17%)、普通小学(16.88%)、中等职业学校(24.42%)、普通初中(24.47%)、普通高中(25.18%)、普通高等学校(34.55%)。

---

① 教育部.薄弱学校改造工作目标提前一年基本实现 农村义务教育学校办学条件得到显著改善[EB/OL].(2019-02-26)[2021-03-13]. http://www.moe.gov.cn/fbh/live/2019/50340/sfcl/201902/t20190226_371170.html.

② 央视新闻客户端.2019 年全国教育经费执行情况统计公告发布 国家财政性教育经费占 GDP 比例连续 8 年超 4%[EB/OL].(2020-11-03)[2021-03-13]. https://www.sohu.com/a/429238837_115239.

③ 教育部.2019 年全国教育经费执行情况统计公告[EB/OL].(2020-10-23)[2021-03-13]. http://www.moe.gov.cn/srcsite/A05/s3040/202011/t20201103_497961.html.

表 5-14 2019 年各级教育经费执行情况

各级教育	生均一般公共预算教育事业费(元/生)	生均一般公共预算公用经费(元/生)	较上年生均一般公共预算教育事业费增长率(%)	较上年生均一般公共预算公用经费增长率(%)	生均一般公共预算教育经费(元/生)	生均教育经费指数(%)
幼儿园	7 884.00	2 711.44	14.32	11.5	8 615.38	12.17
普通小学	11 197.33	2 843.79	5.97	1.76	11 949.08	16.88
普通初中	16 009.43	4 012.45	5.33	2.68	17 319.04	24.47
普通高中	16 336.23	3 945.1	9.23	8.17	17 821.21	25.18
中等职业学校	15 380.52	5 509.59	8.31	5.84	17 282.42	24.42
普通高等学校	22 041.87	9 162.17	5.09	3.81	23 453.39	34.55

(原始数据来源:教育部,2019 年全国教育经费执行情况统计公告,http://www.moe.gov.cn/srcsite/A05/s3040 /202011/t20201103_497961.html)

5.2.6 小结

教育精准扶智是教育精准扶贫的延续,巩固并拓展教育脱贫攻坚成果是乡村振兴的必由之路。本节从贫困人口基本情况、综合教育程度、国民接受学校教育状况、学校办学条件、教育经费 5 个参考指标进行阐述,直观反映当前我国教育扶智概况,从而推测出我国教育信息化促进教育扶智的发展基础和发展需求。综合以上分析,可以发现:

(1) 贫困人口基本情况方面,虽然地区经济发展水平在不断提高,但是贫困人口在区域、群体、经济结构、信息化设备等方面存在明显的分布不均衡情况。在区域上,历年来贫困人口主要集中在中西部地区,尤其是西部地区,2019 年攻坚难度最大的 1 113 个深度贫困村,主要分布在广西、四川、贵州、云南、甘肃、新疆 6 个省份。在群体分布上,中青年贫困发生率较低,而儿童和老年人贫困发生率较高;户主的受教育程度与贫困发生率呈反比。在经济结构上,城乡居民人均收入差距仍然较大,2019 年城乡居民人均收入比值达 2.64 倍。信息化设备方面,目前移动电话和彩色电视机已经普及,但与城镇居民相比,农村居民的计算机拥有比例极低。

(2) 综合教育程度方面,人口平均受教育程度在初中及以下,高中及以上文化程度人口占比较低,而且存在性别歧视和地域歧视。2019 年,我国 6 岁及以上人口中义务教育阶段学生约占六成,男性初等教育以上受教育程度比例普遍大于女性各级受教育程度比例。贫困地区劳动力人口平均受教育年限为 7.7 年,初中及以下文化程度约占九成,而且男性受教育程度普遍高于女性受教育程度。2019 年,我国 15 岁及以上文盲人口约占总人口的 4.59%,东、西部地区文盲人口占七成以上,而且女性文盲人口比例占据四分之三。2019 年每十万人口各级教育平均在校生数占比由大到小的顺序依次是小学、初中阶段、学前教育、高等阶段、高中阶段。十年以来,义务教育阶段受教育人口一直占据较大比重,学前教育和高等教育比重也越来越大。

(3) 国民接受学校教育状况方面,近十年来,我国义务教育巩固水平越来越高,义务教育资源越来越充足,农村留守儿童情况有所改善;学前教育毛入园率、小学净入学率、小学升学率整体呈上升趋势,义务教育阶段留守儿童在校生占各级农村教育在校生数的比例整体呈下降趋势。2020 年学前教育毛入园率为 85.2%,小学净入学率为 99.96%,义务教育巩固率为 95.2%。

(4) 学校办学条件方面,我国各级教育师资充足,尤其是近年来乡村教师队伍逐渐壮大,贫困地区义务教育学校全面改薄工程取得巨大成就,农村义务教育学校办学条件全面改观,为乡村学校教育质量提升打下了坚实的基础。

(5) 教育经费方面,一直以来国家高度重视教育投入,各级教育经费充足,近两年国家对学前教育投入力度加大。

综上所述,我国消除了绝对贫困,贫困人口全部脱贫,人民生活水平显著提高,学校办学条件得到基本完善,但是当前我国教育水平在不同地区、不同教育阶段、不同群体、不同性别的差异性较大,分层现象较为明显。这些现象预示着教育信息化促进教育精准扶智需要根据不同地区、不同教育阶段、不同性别、不同群体等教育需求进行差异化和个性化的支持服务。

5.3 教育信息化发展现状

5.3.1 国家对教育信息化重视程度

国家对教育信息化重视程度可以从国家教育信息化领导机构、战略规划政策、经费、重大工程项目四个方面分析。

从国家教育信息化领导机构变迁来看,最早可以追溯到 1932 年成立的中国教育电影协会。此后,教育信息化相关领导机构经过多次组建和重组,组织机构日益完善,教育信息化工作制度日渐成熟。尤其是 2011 年教育信息化领导小组的成立,标志着教育信息化将提升到国家重要战略位置,自此我国教育信息化进入全面建设新阶段。为了进一步推进教育信息化 2.0 工作,2021 年教育部新增了 2 个教育信息化战略研究基地。

从教育信息化相关政策来看,党中央、国务院高度重视教育信息化发展。在国家教育战略规划、国民经济和社会发展战略规划等重大政策中,教育信息化有着重要的战略地位,国家教育信息化战略规划政策日趋成熟。近年来,我国发布了一系列教育信息化重大政策,加快教育信息化建设,如,2016 年发布的《教育信息化"十三五"规划》、2018 年发布的《教育信息化 2.0 行动计划》、2019 年发布的《中国教育现代化 2035》。

从教育信息化经费来看,国家持续加大教育信息化经费投资力度。按照不低于国家财政性教育经费 8%测算,2009 至 2019 年教育信息化经费直线上升,如图 5-5 所示,2019 年教育信息化经费高达 3 203.7 亿元,较上年增长 8.24%。

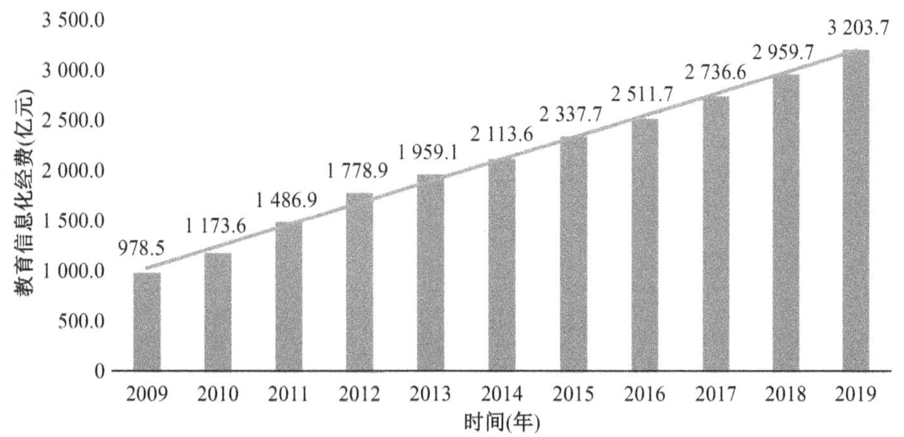

图 5-5　2009—2019 年全国教育信息化经费变化情况

(原始数据来源:教育部,全国教育经费执行情况统计公告,https://zwfw.moe.gov.cn/)

此外,自 1994 年中国教育和科研计算机网(China Education and Research Network, CERNET)启动以来,我国开展了一系列教育信息化重点项目,比如"面向 21 世纪教育振兴行动计划""校校通"工程、"农远工程""三通两平台"等,极大地推动了信息技术与教育教学的深度融合。2020 年,我国数字乡村建设进入全面推进时期,数字农业经济融合发展,促进了乡村数字振兴。2020 年,我国正式确立了首批 117 个县(市、区)作为国家数字乡村试点地区,先行试点探索数字乡村顶层规划、新一代信息技术基础实施建设、数字经济新业态、信息服务体系、资源共享机制、乡村数字治理、数字乡村可持续发展等[①]。

① 中央网信办,农业农村部,国家发展改革委,等.中央网信办等七部门联合印发《关于开展国家数字乡村试点工作的通知》[EB/OL].(2020-07-18)[2021-03-13].http://www.gov.cn/xinwen/2020/07/18/content_5528067.htm.

5.3.2 网络就绪程度

本节从互联网接入、光纤网接入、4G /5G 基站建设、IPv6 专项计划、WiFi6(第六代无线网络技术)等参数来综合分析全国网络就绪程度。

在互联网接入方面,2017—2020 年百兆及以上用户接入情况,如图 5-6 所示:①自 2017 年以来,我国百兆及以上宽带接入用户占固定宽带用户总数比例持续增长,而且增长速度越来越慢;②截至 2020 年底,我国百兆及以上网络宽带用户占比为 89.9%,相比 2017 年 6 月提高了 64.8 个百分点,每半年平均增长 9.26 个百分点。

图 5-6 2017—2020 年百兆及以上固定互联网宽带接入用户占比情况

(原始数据来源:中国网信网,第 47 次《中国互联网络发展状况统计报告》,http://www.cac.gov.cn/2021-02/03/c_1613923423079314.htm)

如图 5-7 所示,对城乡地区互联网普及率情况进行对比发现:①2017 年 6 月至今,城乡互联网普及率均持续上升,而且两者差距越来越小。②截至 2020 年底,城乡互联网普及率分别是 79.8%和 55.9%,两者相差 23.9%。③整体上看,农村互联网普及率增长速度超过城镇地区的增长速度,尤其在 2018 年之后,农村互联网普及率呈直线上升。

在光纤网接入方面,如图 5-8 所示,通过对比 2014 至 2020 年光纤用户及其占网络宽带用户比例情况发现:①自 2014 年以来,我国光纤接入用户规模持续增长,且增长速度越来越慢。②截至 2020 年底,我国光纤接入用户数量为 4.54 亿户,占网络宽带用户总数的 93.9%,与 2014 年 34.1%相比,同比增长了 59.8 个百分点,年平均增长 9.97 个百分点。

在 4G /5G 基站建设方面,截至 2019 年底,我国累计建成 544 万个 4G 基站,占全球 4G 基站总量的二分之一。截至 2020 年 3 月底,我国 5G 基站数量已达

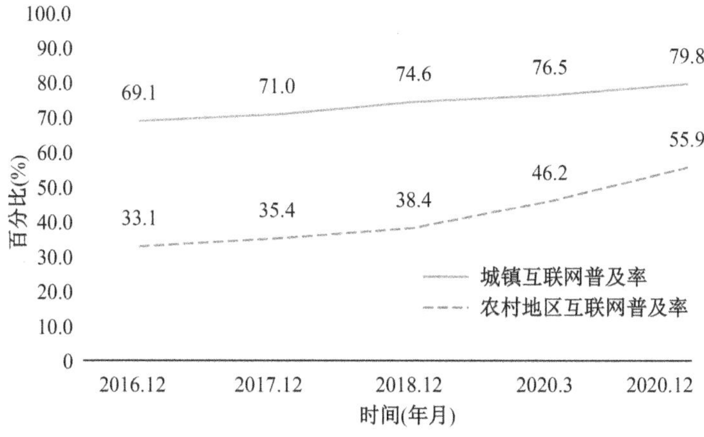

图 5-7　2016—2020 年城乡地区互联网普及率情况

（原始数据来源：中国网信网，第 47 次《中国互联网络发展状况统计报告》，http://www.cac.gov.cn/2021-02/03/c_1613923423079314.htm）

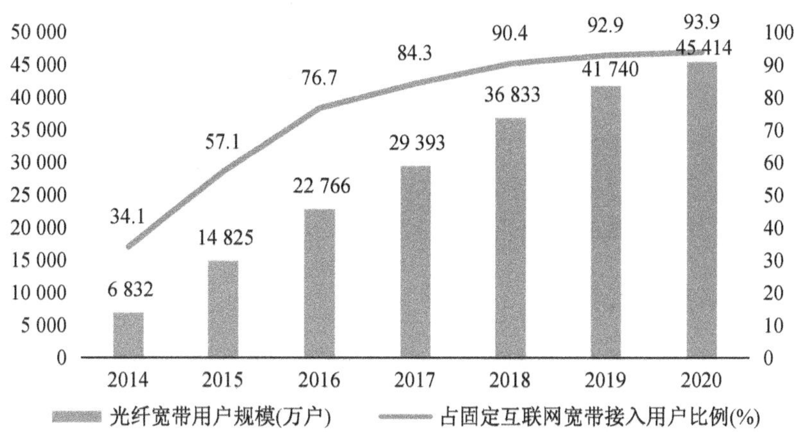

图 5-8　2014—2020 年光纤宽带用户规模及其占固定互联网络接入用户比例

（原始数据来源：中国网信网，第 47 次《中国互联网络发展状况统计报告》，http://www.cac.gov.cn/2021-02/03/c_1613923423079314.htm）

19.8 万，5G 套餐用户数量超过 5 000 万①，9 月 5G 基站数量已经超过 48 万个，5G 终端接入数量已经超过 1 个亿②。

---

① 央广网．工信部：全国已建成 5G 基站达 19.8 万个[EB/OL]．(2020-05-04)[2021-03-13]．https://baijiahao.baidu.com/s?id=1665720182253866019&wfr=spider&for=pc.

② 羊城派．工信部：我国已建成 5G 基站超 48 万个，连接终端超 1 亿[EB/OL]．(2020-09-07)[2021-03-13]．https://baijiahao.baidu.com/s?id=1677178692947208998&wfr=spider&for=pc.

在 IPv6 专项计划方面，2019 年 4 月，我国工信部发布《关于开展 2019 年 IPv6 网络就绪专项行动的通知》，要求完成全国 13 个 IPv6 骨干网升级改造，使获得 IPv6 地址的 LTE 端和固定宽带终端比例分别达到 90％和 40％[①]。IPv6 的建设为智慧教育服务提供了技术支持和保障，将大大提高网络基础服务能力。

在 WiFi6 方面，智能家居、物联网等智慧环境对室内无线网络技术提出更高的要求，WiFi6 于 2020 年正式进入了商用元年。WiFi6 路由器在多用户极限速率、时延等方面具有较大提升；但单用户场景下多天线模式在极限吞吐、抗干扰、穿墙等方面具有明显优势；而多用户场景下大宽带模式优势增大[②]。由于 WiFi6 的 MU-MIMO 触发难度，普通路由器难以支撑，因此 WiFi6 终端设备较少，仍旧处于起步阶段。

5.3.3 网民规模与结构

如图 5-9 所示，通过分析 2016—2020 年网民规模及结构状况可以发现：①截至2020 年底，我国网络用户约 9.89 亿人（约占全球网民的五分之一），其中手机网民 9.86 亿人，较 3 月份网络用户增长 8 540 万人，手机网民增长 8 886 万人。②截至 2020 年底，我国互联网普及率为 70.4％，较 3 月份增长了 5.9 个百分点。③2016 年 12 月至 2020 年 12 月，手机网民、网民、手机网民占网民比例以及互联网普及率均持续上升。从城乡网民规模对比情况来看，截至 2020 年 12 月，我国城乡网民规模分别为 6.80 亿人和 3.09 亿人，分别占网民整体的 68.7％和 31.3％，分别较 3 月份增长 3 069 万人和 5 471 万人[③]。

5.3.4 网络扶贫成效

2016 年，中央网信办等部门联合发布《网络扶贫行动计划》，充分利用互联网推进精准扶贫和精准脱贫。网络扶贫行动作为“十三五”脱贫攻坚阶段的重要行动，取得了显著成效。

一是乡村网络全面覆盖，提前超额完成了 90％以上贫困村网络覆盖的“十三五”规划既定目标。“十三五”期间，贫困村光纤网络接入比例由 70％提高到 98％，深度贫困地区贫困村通宽带比例由 25％提高到 98％[④]。目前，全国行政村

---

① 工信部. 工业和信息化部关于开展 2019 年 IPv6 网络就绪专项行动的通知[EB/OL].（2019-05-01）[2021-03-13]. http://www.cac.gov.cn/2019-05/01/c_1124441555.htm.

② 互联网. 专题解析|中国移动 2020 年《WiFi6 路由器评测》：WiFi6 有多 6？[EB/OL].（2020-05-04）[2021-03-13]. http://www.itbear.com.cn/html/2020-10/391287.html.

③ 中国网信网. 第 47 次《中国互联网络发展状况统计报告》[EB/OL].（2021-02-03）[2021-03-13]. http://www.cac.gov.cn/2021-02/03/c_1613923423079314.htm.

④ 中国网信网. 第 47 次《中国互联网络发展状况统计报告》[EB/OL].（2021-02-03）[2021-03-13]. http://www.cac.gov.cn/2021-02/03/c_1613923423079314.htm.

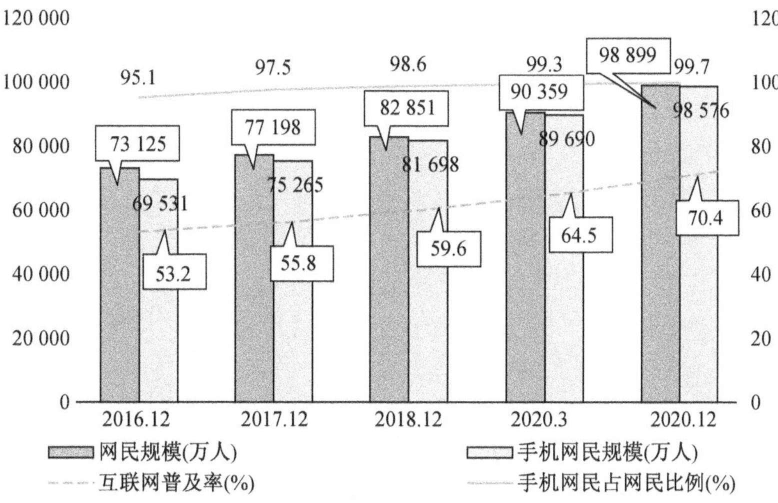

图 5-9　2016—2020 年网民规模及结构状况

(原始数据来源:中国网信网,第 47 次《中国互联网络发展状况统计报告》,http://www.cac.gov.cn/2021-02/03/c_1613923423079314.htm)

的 4G 网络、光纤接入比例都超过了 98%,农村广电网全面覆盖[①]。

二是农村电商快速发展。截至 2020 年末,832 个贫困县实现电商平台全覆盖,农村电商销售额达到 1.79 万亿元,相比 2014 年的 1 800 亿元翻了近 10 倍[②]。"直播+电商"等网购新业态在农村地区蓬勃发展,帮助农民学习直播技术和电商知识,促进地方文化和优质农产品"走出去"和"引进来",实现贫困地区群众因地致富、精准脱贫。

三是数字乡村公共服务逐渐完善。2019 年数字乡村战略落地实施以来,乡村数字化治理水平明显提升,"互联网+政务"乡村治理初见成效。2019 年全国县域数字农业农村发展总体水平为 36.0%,较 2018 年上升 3 个百分点,行政村电商服务站点覆盖率达 74.0% [③]。

5.3.5　小结

教育信息化是促进教育精准扶智的有效手段。本节通过国家教育信息化重

---

① 农业农村部新闻办公室.《中国数字乡村发展报告(2020 年)》发布[EB/OL].(2020-11-28)[2021-03-13]. http://www.moa.gov.cn/xw/zwdt/202011/t20201128_6357205.htm.

② 中国网信网.第 47 次《中国互联网络发展状况统计报告》[EB/OL].(2021-02-03)[2021-03-13]. http://www.cac.gov.cn/2021-02/03/c_1613923423079314.htm.

③ 农业农村部.《2020 全国县域数字农业农村发展水平评价报告》发布[EB/OL].(2020-11-28)[2021-03-13]. http://www.moa.gov.cn/xw/zwdt/202011/t20201128_6357206.htm.

视程度、网络就绪程度、网民规模与结构和网络扶贫成效四个方面来综合反映当前我国教育信息化发展概况，以期探究教育信息化促进教育精准扶智的发展基础和发展动力。

通过以上分析可以看出：①教育信息化发展概况的 4 项指标的数值均有所提升，说明我国整体教育信息化水平在不断提升。近年来，在战略规划、领导机构、工程项目、经费投入等方面，国家教育信息化力度不断加大。在网络就绪程度方面，我国百兆及以上固定互联网宽带接入用户达九成，光纤网络、4G 站建设基本实现全覆盖，5G、WiFi6、IPv6 等新一代网络技术也正在不断推广应用。在网民规模与结构方面，近年来我国网络用户规模迅速壮大，以手机网民为主体有近十亿网络用户，这说明人们的生活离不开网络。在网络扶贫方面，网络扶贫成效显著，乡村网络已经全面覆盖，农村数字经济如电商发展迅速，数字乡村公共服务逐渐完善。②虽然城乡地区数字鸿沟正在不断缩小，但数字鸿沟仍不容小觑。当前，城乡互联网普及率相差 23.9%，城乡网民规模相差 3.71 亿人，城乡网民占整体网民比例相差 37.4%。③我国正在向全方位的数字化社会转型。随着城乡网络全面覆盖，网民规模不断壮大，新一代网络技术全面推广，数字经济蓬勃发展，这标志着我国正向数字化的社会转型。

综上所述，当前我国教育信息化发展水平正值上升期，但是城乡数字鸿沟仍然较大，这意味着“十四五”期间教育精准扶智需要继续加大对农村教育信息化的建设力度，推进乡村数字振兴。

5.4 信息化支持的教育精准扶智现状

5.4.1 教育精准扶智六级网络体系

自 2013 年精准扶贫工作机制实施以来，国家大力推进建档立卡和信息化建设。在对每位贫困户建档立卡的基础上，构建覆盖中央、省、市、县、乡镇、行政村的六级全国扶贫信息网络平台，实现扶贫开发过程、资金、项目的信息化监管以及工作部门的信息共享和协作。2014 年 10 月前，我国完成了建档立卡工作，年底前完成全国扶贫信息网络建设。2016 年 12 月，教育部等六部门联合发布《教育脱贫攻坚“十三五”规划》，提出对建档立卡等贫困家庭子女的就学、资助、就业状况建立数据库，实现教育精准扶贫[①]。

---

① 教育部. 教育部等六部门关于印发《教育脱贫攻坚“十三五”规划》的通知[EB/OL]. (2016-12-16)[2021-03-13]. http://www.moe.gov.cn/srcsite/A03/moe_1892/moe_630/201612/t20161229_293351.html.

2016年底，云南省依托大数据技术建成扶贫信息平台，促进省市县乡村数据互联互通，实时监测扶贫对象情况、动态管理扶贫措施、精准评估扶贫效果，累计开放平台账号1.9万个，日平均活跃用户达2 000以上[①]。在此基础上，云南省通过省学籍信息库、学生资助信息库、建档立卡扶贫数据库的信息比对与处理，不断扩展各级教育学生的考试、招生、报名、录取数据，持续推进教育精准扶贫信息管理系统建设。例如，在2017年招生兜底工作中，云南省准确识别25 765名建档立卡家庭的高考生，通过精准实施职业教育兜底招生、省级公费师范生、免费医学生招生、少数民族招生等专项工作，促进96.27%建档立卡的高考生进入高校机会[②]。此外，云南省和云南云报教育科技有限公司共同推进基于大数据的教育质量精准提升工程，通过提供考试大数据体平台、县级教育大数据监控、教育质量监测、线上线下名师指导、初高中毕业生素质提升指导等服务，精准提升区域教育教学质量[③]。

2018年10月，湖南"一单式"教育精准扶贫信息系统上线试运行，并向全省推广。湖南教育精准扶贫信息系统旨在瞄准"两精一单"的教育扶贫目标，即适龄贫困人口取向精准识别，在籍在校贫困人口精准资助，并为在籍在校贫困人口提供资助政策和落实情况的一单式查询[④]。截至2019年2月，湖南省已首次完成全省义务教育阶段建档立卡等家庭经济困难学生(含非建档立卡家庭经济困难残疾学生、农村低保家庭学生和农村特困救助供养学生)信息数据对比工作，发现个别地方还存在控辍保学底数不清、资助政策落实不到位等现象，并及时加强利用"一单式"信息系统，实现控辍保学和政策帮扶工作的精准化，全面落实义务教育[⑤]。

截至2018年10月，广西全面建成从学前教育到高等教育的贫困生资助体系，并通过教育基础设施建设、控辍保学、精准脱贫专项行动、贫困家庭高校毕业生就业活动等，实现贫困学生"全程覆盖、无缝连接"的教育精准扶贫。

总体来看，全国各地已经初步建成了"中央、省、市、县、乡镇、行政村"六级联动的教育精准扶贫综合性信息服务网络体系，形成"自上而下、自下而上"的教育

---

① 经济日报.云南建成精准扶贫"大数据"平台[EB/OL].(2017-01-01)[2021-03-13].http://www.xyshjj.cn/newspaper-2017-1-2-7-4612573.html.

② 云南日报.云南省实施招生兜底推进教育精准扶贫[EB/OL].(2018-01-13)[2021-03-13].http://www.gov.cn/xinwen/2018-01/13/content_5256209.htm.

③ 搜狐网."大数据+教育"云报教育打造精准质量提升平台[EB/OL].(2018-07-03)[2021-03-13].https://www.sohu.com/a/239116919_115092.

④ 教育部.全国扶贫日湖南典型材料之一运用信息化手段打通教育精准扶贫最后一公里——湖南教育精准扶贫"一单式"信息系统建设与应用实践[EB/OL].(2019-10-15)[2021-03-13].http://www.moe.gov.cn/jyb_xwfb/xw_zt/moe_357/jyzt_2019n/2019_zt27/jyjs/hunan/201910/t20191015_403553.html.

⑤ 南县人民政府.南县教育局转发《湖南省教育厅关于利用"一单式"信息系统加强全省教育扶贫工作的通知》的通知[EB/OL].(2019-02-20)[2021-03-13].http://www.nanxian.gov.cn/14366/14516/14799/14423/14833/content_571711.html.

扶贫数据管理服务。教育精准扶贫信息平台系统建设有利于精准识别经济困难家庭学生数字画像、精准定位教育扶贫需求、精准提供教育帮扶服务、精准匹配教育帮扶队伍、动态监测教育扶贫过程，并精准评估教育扶贫效果。

5.4.2 教育信息化基础环境建设

"十三五"期间，全国各地大力推进智慧校园、智慧教育示范区建设工作，依托 5G、物联网、云计算、大数据等现代技术，促进学校、区域从"数字环境"向"智慧环境"转型，实现教学、学习、科研、管理、评价的智慧化教育服务。国家和地方政府发布了一系列标准规范指导地方建设和实施，比如 2018 年发布的《中小学数字校园建设规范（试行）》、2020 年更新的《职业院校数字校园规范》；重庆市、江苏省及山东省青岛市等地区纷纷发布智慧校园建设指南。

2019 年，我国启动了首批 10 个"智慧教育示范区建设项目"，计划在两年内，利用新一代信息技术，为示范区内师生提供"高学习体验、高内容适配和高教学效率"的教育供给服务。2020 年，教育部决定在全国范围内继续发展若干个"智慧教育示范区"，创建智慧教学生态环境，为新时代创新人才培养提供全面支撑[①]。

在教育网络建设方面，教育专网是指由政府统筹、构建的联通全国各级学校和教育机构、能够适应各级教育需求的教育行业专业网络，具有自主管理的自治网络、统一管理的公共 IP 地址、统一管理的全球域名等[②]。教育专网的建设将有效地解决深度贫困地区"入网难、用网难"等问题，精准推送优质教育资源到贫困学校、到用户端，进一步缩小数字鸿沟，促进教育公平。

当前，全国学校网络基础环境基本实现全覆盖。自 2013 年，教育信息化建设被纳入"义务教育全面改薄项目"的基本条件，同时"学校联网攻坚行动"大力推进。《数字中国发展报告（2020 年）》数据显示，截至 2020 年底，全国中小学（含教学点）联网率从 2016 年的 79.37%提升至 100%，拥有多媒体教室的中小学达 98.35%[③]。2020 年底，52 个贫困县学校网络全覆盖，配置多媒体教室的中小学校比例已达 95.2%，学生端和教师端计算机数量分别为 1 703 万台和 1 060 万台[④]。

---

① 中国教育网. 教育部：2020 年度"智慧教育示范区"创建项目推荐遴选工作启动[EB/OL].（2020-11-05）[2021-03-13]. http://www.edu.cn/xxh/focus/zc/202011/t20201105_2030471.shtml.

② 沈阳，田阳，曾海军. 教育专网：助力中国教育信息化迈上新台阶——访中国工程院院士吴建平教授[J]. 电化教育研究，2020，41(3)：5-9+47.

③ 国务院. 我国中小学互联网接入率达 100%[EB/OL].（2021-04-25）[2021-04-26]. http://www.gov.cn/xinwen/2021-04/25/content_5602090.htm.

④ 中国青年报. 教育部：52 个贫困县已实现学校网络全覆盖 99.7%的学校实现了百兆带宽[EB/OL].（2020-12-01）[2021-03-13]. https://baijiahao.baidu.com/s?id=1684847854337653084&wfr=spider&for=pc.

5.4.3 优质数字教育资源共建共享

优质数字教育资源共建共享是教育信息化促进教育精准扶智的重要内容,促进教育均衡优质发展的重要保障。本节通过分析教学点数字教育资源全覆盖项目(以下简称"全覆盖项目")、"一师一优课、一课一名师"活动、数字教育资源公共服务体系的现实状况,反映当前我国优质数字教育资源共建共享现状。

全覆盖项目是教育部于 2012 年在全国推广的重点项目,旨在通过为农村教学点配置信息化基础设备、输送数字教育资源,促进农村教学点开足、开齐、开好国家规定课程。截至 2013 年 11 月底,全国 6.36 万个教学点顺利完成任务,实现了设备、资源和应用"三到位"①。①设备配置到位:中央财政资助 30 849 万元项目启动资金,截至 2012 年 2 月底,已为 62 058 个教学点配备数字教育资源接收播放设备,覆盖东、中部 90%、西部地区 95%的教学点②。②资源配送到位:组织开发人教版 1 至 3 年级语文、数学、英语、音乐、美术、科学、体育、品德与生活(社会)8 门课程的数字教育资源,自 2013 年 9 月起通过网络和卫星同步播放③。③教学应用到位:2013 年 6 月 25 日至 29 日,教育部组织首批 1 000 名由各省选派的技术人员、教研员、中心校骨干教师等组成的师资队伍进行集中培训,促进各地教师全员培训。据统计,截至 2014 年 3 月初,全国各地共培训教学点教师 17.6 万人④。2016 年,为了适应"不断扩大优质教育资源覆盖面"的要求⑤,全覆盖项目升级为"农村中小学数字教育资源全覆盖"项目,帮助全国农村薄弱学校师生共享优质教育资源、就近接受良好教育。

"一师一优课、一课一名师"活动旨在进一步扩大优质教育资源共建共享,在全国范围广泛开展。该活动是由教育部基础教育司和中央电化教育馆于 2014 年共同发起,连续六年组织全国中小学教师网上晒课,逐级进行"优中选优",进而推广应用"优课"。活动利用互联网思维和大数据思维,创新数字教育资源的开发、应用、服务的模式,形成了"全国教师参与、共建共享、互联互

---

① 教育部.全国 6.36 万个教学点实现数字教育资源全覆盖[EB/OL].(2014-12-22)[2021-03-13].http://www.moe.gov.cn/jyb_xwfb/gzdt_gzdt/s5987/201412/t20141222_182212.html.

② 人民网.数字教育资源覆盖各级各类教育[EB/OL].(2013-03-02)[2021-03-13].http://www.people.com.cn/GB/24hour/n/2013/0302/c25408_20650691.html.

③ 教育部.全国 6.36 万个教学点实现数字教育资源全覆盖[EB/OL].(2014-12-22)[2021-03-13].http://www.moe.gov.cn/jyb_xwfb/gzdt_gzdt/s5987/201412/t20141222_182212.html.

④ 教育部.5.78 万个教学点享受优质教育资源[EB/OL].(2014-03-05)[2021-03-13].http://www.moe.gov.cn/jyb_xwfb/gzdtgzdt/s5987/201403/t20140305_164896.html.

⑤ 教育部.教育部关于印发《教育信息化"十三五"规划》的通知[EB/OL].(2016-06-07)[2021-03-13].http://www.moe.gov.cn/srcsite/A16/s3342/201606/t20160622_269367.html.

通"的数字教育资源协同服务机制。2015 至 2020 年,年均参与教师数 423 万人,年均参与学校数近 20 万所,截至目前共计晒课 2 012 万余堂,遴选出部级"优课"7 万堂,省级"优课"19.7 万堂[①],活动参加教师 1 000 万人次,全面覆盖整个基础教育各学科阶段教育和专题教育,向全国师生免费开放,共建共享优质数字教学资源。

"三通两平台"也取得显著成效,数字教育资源公共服务体系已经基本建成。截至 2019 年底,全国各级各类教育师生网络学习空间累计开通了 10 397 万个[②]。截至 2020 年底,国家数字教育资源公共服务体系已经接入各级平台 184 个,3 亿人次访问总量,3.2 亿人次资源数量,超过 6 000 多万人次月浏览用户;各级学校网络学习空间开通数量超过 1 亿个[③]。

此外,除了全国数字教育资源服务体系建设,各地区学校通过联校网教等方式结对帮扶,实现优质数字教育资源共建共享。例如,江苏省 52 个县 394 所学校与陕西省 56 个贫困县 408 所学校建立教育结对帮扶共同体,协作共建 122 个专业(专业点)、54 个实训基地以及 31 个共建项目;江苏省向陕西省输入优秀数字教育资源,覆盖小学、初中、高中全学段微课资源包[④]。

5.4.4 教育信息化应用

从信息技术与课程整合应用来看,近年来,各地持续推进开展信息技术与校本课程整合的研修活动。特别在疫情"停课不停学"期间,我国迅速开发了优质专题教育资源 1 350 项,覆盖各级各类学科的网络课程 8 000 多节,"空中课堂"直播课程 1 135 节,网络浏览次数累计 24.27 亿次,满足了全国 1.8 亿中小学生居家学习需求[⑤]。

从"三个课堂"应用推进情况来看,全国各地取得显著成效。以河南省为例,全省中小学校宽带网络接入率达到 100%,"专递课堂"建成 4 200 多个,教研备

---

① 教育部.关于政协十三届全国委员会第三次会议第 2793 号(教育类 252 号)提案答复的函[EB/OL].(2020-11-9)[2021-03-13]. http://www.moe.gov.cn/jyb_xxgk/xxgk_jyta/jyta_kjs/202012/t20201209_504375.html.

② 教育部.2019 年 12 月教育信息化和网络安全工作月报[EB/OL].(2020-01-22)[2021-03-13]. http://www.moe.gov.cn/s78/A16/s5886/s6381/202001/t20200122_416315.html.

③ 教育部.让亿万孩子同在蓝天下共享优质教育资源——"十三五"期间教育信息化有关情况介绍[EB/OL].(2020-12-01)[2021-03-13]. http://www.moe.gov.cn/fbh/live/2020/52692/sfcl/202012/t20201201_502584.html.

④ 教育部.陕西省坚持教育扶贫劲头不松、力度不减 持续为巩固脱贫攻坚成果注入强劲"智"动力[EB/OL].(2021-03-12)[2021-03-13]. http://www.moe.gov.cn/jyb_xwfb/s6192/s222/moe_1759/202103/t20210312_519265.html.

⑤ 教育部.孩子网课上得怎么样、中高考改革有何最新进展[EB/OL].(2020-12-10)[2021-03-13]. http://www.moe.gov.cn/fbh/live/2020/52763/mtbd/202012/t20201210_504694.html.

课协作组 5.3 万个[①]，以信息化助力区域、城乡、校际之间优质教育资源共享，全面提升全省的教育质量。

从学生信息素养培养来看，国家发布一系列政策文件规范编程教育发展，将编程教育等信息技术内容纳入中小学，同时实施全国中小学教师信息技术应用能力 2.0 工程，提升教师信息化教学水平。2017 年新修订的《普通高中信息技术课程标准》中，明确在必修课程和选择性必修课程中加入人工智能的基础理论知识；2017 年教育部发布的《中小学综合实践活动课程指导纲要》专设“信息技术”栏目，对不同学段学生的信息素养提出明确要求。

5.4.5　教育信息化人才培养

教育信息化人才培养是教育扶智队伍建设的关键，将为教育精准扶智储蓄优秀的教育信息化领先力量。本节通过教育信息化人才培养典型实践项目的实施现状进行分析，总结教育信息化人才培养情况。本节选取教育部——乐高技术教育创新人才培养计划、中小学校长信息技术应用能力提升项目、“三区三州”中小学校长教育信息化培训三个项目进行分析。

教育部——乐高技术教育创新人才培养计划自 2010 年启动以来，该项目已经在全国范围内开展了两轮培训实践，取得了明显效果；2020 年 4 月第三轮计划继续跟进，聚焦教师基地建设、提升教师跨学科教学能力、促进学生创新素养和信息素养发展等方面。在第二轮培训中，该项目已经在全国 11 所师范院校建立了乐高教育培训基地，累计培训 10.3 万名教师[②]。

中小学校长信息技术应用能力提升项目是教育部联合中国电信共同实施的[③]。2015 年 2 月至 3 月，组织万名校长远程同步培训活动，2.6 万名校长在线参与其中。截至 2015 年 7 月底，1 000 名“种子”校长集中培训工作全部完成。2016 年 5 月底，西藏昌都市继续开展项目线下培训活动，昌都市 100 名校长参加培训。

“三区三州”中小学校长教育信息化培训是教育部于 2018 年启动的专题培训活动，旨在提高贫困地区学校校长教育信息化领导力，从而推动学校信息

---

① 教育部. 国家教育督导检查组对河南省义务教育基本均衡发展督导检查反馈意见[EB/OL]. (2020-12-18)[2021-03-13]. http://www.moe.gov.cn/jyb_xwfb/gzdt_gzdt/s5987/202012/t20201218_506431.html.

② 钱江晚报. 教育部和这家公司再签约，共同致力于提高学生的创新素养和信息素养[EB/OL]. (2020-04-29)[2021-03-13]. https://baijiahao.baidu.com/s?id=1665275440466214026&wfr=spider&for=pc.

③ 教育部. 关于实施“教育部-中国电信中小学校长信息技术应用能力提升项目”的通知[EB/OL]. (2014-03-03)[2021-03-13]. http://www.moe.gov.cn/s78/A10/tongzhi/201403/t20140307_164985.html.

化建设和应用。2018 至 2019 年，专题培训活动以“送培到家”方式，先后在云南、四川、西藏、甘肃等地区开展，其间培训了 446 名中小学校长，2020 年向贵州省、广西省和河北省继续推进[①]。2016 年开始，教育部联合三大电信运营商实施中小学校长和骨干教师“网络学习空间人人通”专项培训，截至 2020 年 10 月共培训了 2 万人。

5.4.6 小结

信息化支持的教育精准扶智是实现乡村振兴、推进教育现代化和建设教育强国的必然选择和有效路径。本节从教育精准扶智六级网络体系、教育信息化基础环境建设、优质数字教育资源共建共享、教育信息化应用和教育信息化人才培养五个方面进行分析，旨在为教育信息化促进教育精准扶智提供基本思路和经验。

(1) 我国基本建成“中央、省、市、县、乡镇、行政村”六级联动的教育精准扶贫综合性信息服务网络体系，实现对贫困对象的就学、资助、就业等情况的精准监测。但是，当前教育精准扶贫信息化治理体系尚不完善、现代化治理能力尚且不足，具体表现在教育扶贫对象识别不精准、教育扶贫措施安排不到位、教育扶贫信息化管理不完善、教育扶贫评价不精准等问题。此外，由于教育精准扶贫和教育精准扶智理念差异，教育精准扶智信息系统亟待升级。

(2) 教育信息化基础环境实现从“数字环境”向“智慧环境”的转型。近几年来，全国各地大力推进教育专网、智慧校园以及智慧教育示范区建设。截至 2020 年底，全国学校网络基础环境基本实现全覆盖，全国中小学校(含教学点)联网率达 100%，拥有多媒体教室的中小学达 98.35%，其中 52 个贫困县学校网络全覆盖，95.2%的中小学拥有多媒体教室。

(3) 全国数字教育资源公共服务体系基本形成，但是优质数字教育资源共建共享机制有待完善。虽然教学点数字教育资源全覆盖项目、“一师一优课、一课一名师”活动、“三通两平台”等项目取得显著成效，但是区域、城乡、校际之间优质数字教育资源共享存在新的“数字代沟”，例如贫困地区乡村学校师生的信息素养有待提升。

(4) 国家高度重视并大力推进教育信息化应用和教育信息化人才培训。贫困地区教师和校长信息技术应用能力和信息素养显著提升，现代信息技术与课堂教学从整合走向创新融合。

---

① 互联网教育智能技术及应用国家工程实验室. 2020 年教育部“三区三州”中小学校长教育信息化专题培训网络筹备会召开[EB/OL]. (2020-05-14)[2021-03-13]. https://cit.bnu.edu.cn/skfw/xxhpx/95536.html.

综上所述,我国教育精准扶贫信息化治理体系初步形成,但是面向“十四五”的教育精准扶智信息化治理体系有待更新升级。持续加强贫困地区的优质数字教育资源共建共享、教育信息化环境建设、教育信息化应用、教育信息化人才培养以及教育精准扶智信息化网络体系建设是信息化促进教育精准扶智的有效路径。

第 6 章

教育信息化促进教育精准扶智现实困境

6.1 教育精准扶贫向教育精准扶智转变

十年来，教育扶贫作为我国扶贫开发战略优先发展任务取得了重大成就，极大地促进了贫困地区教育事业的发展。目前，我国人民生活水平整体提高，教育经费投入力度加大、教育质量明显提升，学校条件明显改善，各级教育师资队伍不断强大。但是，当前我国人口综合素质水平仍旧较低，贫困地区智力资本比较薄弱。据 2019 年教育数据统计，全国 6 岁及以上人口的平均受教育程度为初中，高水平受教育程度人口占比较低；15 岁及以上文盲人口约占总人口的 4.6%，主要分布在东、西部地区；虽然学前教育和高等教育阶段学生比重逐年增加，但义务教育阶段学生比重一直较大。贫困地区教育发展不均衡、不充分现象尤其突出，例如劳动力人口平均受教育年限仅为 7.7 年，初中及以下受教育程度人口约占九成；贫困人口集中分布在中、西部地区，尤其是西部地区。从以往扶贫开发经验来看，贫困发生率与受教育程度呈反比，且儿童、老年人、妇女贫困发生率较高。总的来看，教育精准扶贫已经完成"扶教育之贫"阶段任务，实现教育全面普及化，即"有学上、能上学"；而"依靠教育扶智"阶段刚刚起步，实现教育高质量体系建设，即"上好学、学有所获"。因此，为了实现"十四五"期间"提高国民素质、促进人的全面发展"的目标，教育精准扶智需要在巩固教育精准扶贫工作的基础上，促进新一代劳动力全面发展，提升经济欠发达地区人口智力资本。

教育脱贫攻坚工作实现"义务教育有保障"，为新时期教育精准扶智工作积蓄强大的发展动力。截至 2020 年底，全国建档立卡家庭学生辍学人数清零，学生精准资助体系覆盖全学段，基础教育入学率均明显增长，贫困地区义务教育学校办学条件得到全面改善，乡村教师队伍数量和素质整体提升。然而，由于教育精准扶贫和教育精准扶智在工作目标、内容、对象、机制、方法、技术、所处时代背景以及教育信息化发展阶段方面存在较大差异，教育精准扶智面临着一系列问题。比如，教育精准扶智目标亟须重新定位，从消除经济层面的绝对贫困转向缩小能力层面的相对贫困；教育精准扶智机制需要创新，借助新一代信息技术精准识别教育扶智对象、精准安排教育扶智资源、量身定制教育扶智项目、个性化匹配教育扶智队伍、精准评估教育扶智效果；教育精准扶智评价体系亟待完善，聚焦经济欠发达地区的教育服务能力和教育扶智对象的智力发展；教育精准扶智信息系统有待升级，全面更新教育精准扶贫信息库，加强国家、省域、地县教育扶智信息协同和部门协作；教育扶智共同体有待加强，实现扶智对象和扶智队伍双螺旋式智力成长；新一代信息技术赋能教育精准扶智工作落实，促进经济欠发达地区教育质量提升和创新人才培养。

综上所述，教育精准扶智是新时期乡村振兴的必然选择。教育扶贫和教育扶智一脉相承，新时期教育精准扶智需要重新领航，快速转变教育精准扶智创新机制。在巩固拓展教育脱贫攻坚成果的基础上，当前亟须部署一套完整的从宏观到中观、再到微观的战略规划，以适应新时代国家战略发展需求和社会发展要求。

6.2 信息化支持的教育扶智精准度不高

6.2.1 教育扶智信息共享不精准

目前，我国基本建成覆盖中央、省、市、县、乡镇、行政村六级部门的全国信息扶贫网络系统，有效落实教育精准扶贫工作机制，实现对建档立卡贫困人口的精准识别、精准追踪、精准监测和精准评估。在此基础上，全国各地加大教育精准扶贫大数据监测，全面完善从学前教育到高等教育阶段家庭经济困难学生的教育资助政策体系，基本完成教育扶贫信息平台建设，实现建档立卡贫困家庭学生精准识别、精准追踪和精准资助。然而，以往教育扶贫实践仍旧存在教育扶贫目标失当、对象失焦、重点失实、布局失准等问题①。传统人工方式采集的建档立卡扶贫信息和教育系统信息存在一定程度的不可预测性误差，比如对信息的人工传递、处理、存储等操作，将进一步加大数据安全和数据精准的隐患。现有的教育精准扶贫信息平台系统良莠不齐，各级教育部门扶贫数据共享能力较差，数据联通、数据共享、数据协作、数据管理等不精准、不精细问题突出。

---

① 任友群，郑旭东，冯仰存. 教育信息化：推进贫困县域教育精准扶贫的一种有效途径[J]. 中国远程教育，2017(5)：51-56.

此外，教育精准扶贫信息系统主要来源于扶贫信息库、学籍信息库和学生资助信息库，平台功能主要是建档立卡贫困学生精准识别、义务教育控辍保学、全学段教育精准资助政策落实、基础教育全面改薄和升学就业有保障，提高贫困家庭子女的生活条件和接受学校教育机会。但是无论是教育精准扶贫系统还是全国扶贫信息系统，都侧重于贫困人口学习生活保障和教育普及化，缺乏对贫困地区学校教育质量、学校人才培养能力、贫困人口综合素质、学生学习获得等“智”力因素的考察。因此，信息化支持的教育精准扶智信息大平台需要充分发挥现代信息技术优势，遵循教育精准扶智体系建设标准，提高对象识别、措施安排、管理监测和成效评价的精准性，实现各级部门教育扶智数据“零距离、零误差”共享协作，促进教育精准扶智治理体系和治理能力现代化。

6.2.2 教育扶智对象识别不精准

促进经济欠发达地区新一代劳动力的全面发展，实现乡村人才振兴是教育精准扶智的根本目标。教育扶智对象精准识别不仅需要解决“扶持谁”，更要明确致贫原因，为后期措施安排、资源配置、队伍匹配、效果考核明确方向，实现扶真智、真扶智。但是，在以往教育扶贫开发工作中，对象识别聚焦建档立卡以及家庭经济困难学生，致贫原因多从自然灾害、疾病、残疾、贫困等客观因素考察，这不符合教育精准扶智的基本要求。精准识别教育扶智对象要求瞄准经济欠发达地区新一代劳动力（适龄儿童、青少年和青壮年劳动者），以可持续发展能力为重点，以促进全面发展为最终目的，精准识别目标对象，从地区基本公共教育服务能力、家庭教育支持能力、学校教育质量、个体发展需求等多个维度分析致贫原因，从而为其提供多元个性化支持服务。缺乏对刚脱离贫困、存在返贫风险的扶智对象精准识别，尤其是可持续发展能力不足的贫困个体、教育水平较低的薄弱学校以及人力资源不足的欠发达地区，将重蹈“输血式扶贫”漫灌式的尴尬，难以阻断贫困代际传递。

目前，全国教育精准扶贫信息系统已经完成对建档立卡贫困人口以及其在教育系统相关数据的排查清洗，对象识别全面落实到省、到市、到县、到村、到户，但仍旧存在对象瞄准不清、致贫原因不明等问题。这一方面是因为扶贫对象信息采集处理工作不到位，信息缺失或遗漏；另一方面是因为各地区教育扶贫对象识别标准不一、语义不一致。为此，精准识别教育扶智对象需要建立相对统一的教育扶智对象识别标准，精准识别；利用“互联网＋”、人工智能、大数据等技术采集更为真实、更为全面、更为准确、更为实时的扶智对象数据，精准诊断教育扶智对象的发展现状和最近发展区，瞄准致贫原因，实现精准扶智。

6.2.3 教育扶智措施安排不到位

教育扶智措施精准安排是在教育扶智对象精准识别的基础上，针对教育扶智对象真实而明确的现状和原因，解决“怎么扶”和“谁来扶”两大精准问题，使教育扶智政策、项目、资源精准到县、到村、到户、到人，实事求是，实现真正扶智。教育扶智措施精准安排主要涉及优质数字教育资源共建共享、教育扶智项目精准安排、教育扶智队伍个性化匹配三个方面。在资源共享方面，虽然数字教育资源公共服务体系基本完善、数字教育资源应用已成常态，但是各级教育数字资源公共服务平台重建设轻应用，普遍存在着资源质量不过关、共享程度较低、利用率不高、服务机制不完善等问题。尤其城乡学校共享优质教育资源时，依托互联网、互动直播等技术，不少农村学校照搬优质学校的教案资源和同步课堂，短期解决了乡村学校开不齐、开不足、开不好国家规定课程的问题，但长期来看，这在一定程度上忽略了薄弱学校自身的教育教学特色。在项目精准安排方面，教育扶智特色项目已经遍地开花，项目安排越来越科学精细，精准定位帮扶对象、目标任务、进度安排、投资规模以及项目责任人，实现帮扶规划到人、到校、到村。各地教育扶智相关项目多是见效快，重结果轻过程，仍然存在项目持续推广效力不足、项目安排不到位、项目验收结果模糊、项目合作程度不深入等问题。在扶智队伍匹配方面，地方政府、企业、高校、基础学校多元参与组织基本形成，城乡结对帮扶教育扶智队伍全面覆盖，但是教育扶智队伍仍然存在凝聚力不强、协作效率较低、目标模棱两可等问题。

精准安排教育扶智措施是解决经济欠发达地区教育扶智对象“因贫失学”“因贫失业”“因学致贫”“学无所获”等现实问题的关键。从纵向来看，教育扶智措施是从宏观的政策项目部署，中观的资源输送、项目安排和责任人落实，到微观的教育扶智共同体构建，层层递进。从横向来看，教育扶智措施安排是以教育扶智对象为一环核心，聚焦“知识、智力、技能”发展，以薄弱地区教师、校长、地方干部为二环主体，以优质地区教师、校长、地方干部为三环主体，以政府、企业、高校、基础学校等为外环，形成环环相扣的最近智力发展场。因此，教育扶智措施精准安排需要依据教育扶智对象的发展实际，实事求是，因地制宜，因人施策，助力教育扶智对象个性化且全面的发展。

6.2.4 教育扶智管理监测不准确

教育扶智管理是动态、实时的，贯穿整个教育扶智工作阶段。精准管理教育扶智要求全过程、全方位地实时监测扶智对象、扶智部门、扶智措施的动态变化，保障各个扶智环节公正、公开、透明进行，并对已经出现或潜在的问题进行预警和干预。教育扶智监管不到位，比如扶智对象识别不精准、扶智资源利用率不高、扶智项目安排不合理、扶智队伍协同性不强、扶智效果不明显等，将直接影响帮扶成效，导致功亏一篑。教育扶智对象监管方面，要求全方位、全过程地监测目标对象的扶智过程，评估目标对象智力发展情况，进一步优化目标对象的教育扶智路径，保证其扶有所得，有进有出。我国在 2019 年创新性地采用了“两摸底、一核查”方式，实现对扶贫对象的动态管理。教育扶智部门监管方面，要求加强对相关组织部门的管理，明确各个部门的角色和权责，跟进相关部门的推进效力和工作进展。教育扶智措施监管方面，要求全过程监测优质数字教育资源服务、教育扶智项目安排、教育扶智政策落实、教育扶智队伍匹配，保障物尽其用，人尽其才。总之，教育扶智管理监测要求全方位采集、全面分析、实时更新、动态监管教育扶智信息，这对教育扶智信息的系统性、真实性、精确度、精细度提出了更高的要求。

6.2.5 教育扶智成效评价不精准

教育扶智成效评价是解决“扶效如何”问题，是“扶真智、真扶智”的根本要求。我国成立了世界上最大规模的精准扶贫成效第三方评估系统，建立了较为完善的工作体系，比如 App 扶贫数据采集系统、大数据评估信息平台、标准化统计分析系统、分省交叉评估机制、全员培训认证机制等。但是，教育扶贫是以“两不愁、三保障”为目标要求，侧重评估教育扶贫精准机制落实和各项扶贫工作成效，与教育精准扶智所提倡的“促进人的全面发展”要求不一致。为此，新阶段亟待在精准扶贫和教育精准扶贫成效评估工作经验基础上，建立教育精准扶智创新评价体系，精准到地方、到村、到校、到人的考核机制，以考核成效为导向，激励约束机制落实，促进教育精准扶智工作机制迭代优化。在教育精准扶智工作层面，重点围绕扶智对象识别精准性和获得情况、教育扶智项目完成度、优质数字教育资源服务程度、扶智队伍协作程度、扶智对象对扶智工作满意度等。在教育扶智对象层面，综合评价经济欠发达地区学龄儿童、青少年和青壮年成人接受教育状况、学习培训情况、就业创业情况、基本生活情况、健康状态、扶智效果等，以为扶智对象进入、退出以及扶智效果不佳原因提供数据依据。在贫困校和贫困村层面，综合评估贫困校和贫困村的教育扶智项目实施效果、教育资源建设和应用情况、教育资金使用情况、相关政策落实成效、乡村教师信息化应用能力培训情况、校长和干部教育信息化领导力培训情况等，以更新贫困村和贫困校的退出信息，总结教育精准扶智过程中存在的问题。在区域层面，综合到地方、到村、到校、到人教育精准扶智效果，宏观评估区域教育扶智整体效果，充分实施目标责任的激励约束机制，进一步优化并扎实推进后续教育精准扶智工作计划。总之，教育扶智精准评价是一项自上而下、自下而上的复杂性系统工作，既要完成区域性扶智绩效考核，也要完成对象识别、项目安排、资源配置、队伍匹配、动态管理等各项工作绩效考核，同时对教育扶智对象帮扶成效进行量化评估，做到长期跟进、迭代优化、有进有出，促进生成教育精准扶智长效机制。

6.3　信息化支持的教育精准扶智公共服务体系不健全

6.3.1　教育信息化与基本公共教育服务融合度不高

教育信息化与基本公共教育服务深度融合对提高教育服务质量、扩大公共教育均等化、促进教育公平具有重大意义[①]。依托教育信息化不受时空限制、快速传播、呈现手段丰富等特殊优势，实现优质教育资源共建共享，增强教育公共服务供给能力，促进教育均衡发展，提高贫困地区教育质量和人才培养能力。当前我国已经从教育信息化 1.0 进入教育信息化 2.0 新阶段，“三通两平台”工程成效显著，基本公共教育服务能力显著提高，尤其是深度贫困地区基本公共教育服务实现全覆盖，基本保障了每一位学生平等地获得、应用、共享、扩展教育资源。但是，随着教育信息化的发展，新数字鸿沟的出现对基本教育公共服务能力提出更高要求，特别是优质数字教育资源公共服务、教育信息化管理公共服务面临着优化升级。教育精准扶智视域下，提升经济欠发达地区基本公共教育服务水平的关键是教育信息化基础设施建设和优质数字教育资源共建共享。

促进教育信息化基础设施建设是缩小城乡数字鸿沟的基础工程。随着新一代信息技术的应用，教育环境从数字校园向智慧校园、智慧教育示范区改造升级，教育信息化基础设施建设迫在眉睫。目前，我国进入数字社会发展上升期，数字乡村公共服务基本完善，数字公民规模逐渐庞大，城乡百兆网络全面覆盖，尤其是全国学校教育信息化水平全面提升。但是，城乡地区数字鸿沟仍旧明显，比如截至 2020 年底，农村网络普及率仅 56%，与城市相差 24 个百分点；城乡网民占比相差 37.4 个百分点；移动电话和彩色电视机成为家庭必备品，但农村居民计算机拥有比例极低。为此，加强经济欠发达地区教育信息化基础设施建设，加快推进教育专网、5G、WiFi6、IPv6 网络升级，全面实现乡村学校从数字校园向智慧校园转变。

构建优质数字教育资源公共服务体系是缩小城乡新数字鸿沟的重要载体。近年来，随着“三通两平台”工程的大力推进，数字教育资源公共服务均等化、普惠化、便捷化程度普遍提高。随着经济欠发达地区学校教育信息化基础设施的完善，通过卫星通信网络、移动互联网、云直播等方式，经济欠发达地区薄弱学校

---

① 李奕，宫辉力．教育信息化融入基本公共教育服务的理念与途径——以北京市为例[J]．中国教育学刊，2013(8)：9-11＋61.

可以与优质学校进行联校网教，实现优质数字教育资源共建共享共用，促进城乡教育均衡而有质量的发展。但是，疫情防控下，在线教育仍旧存在各种问题，尤其是经济欠发达地区优质数字教育资源数量匮乏、共享程度不高、供给机制不完善、适用性不强以及师生信息素养较低等现实问题，严重制约了贫困地区教育信息化促进教育精准扶智“最后一公里”。目前，从国家到省市，再到地方的优质数字教育资源公共服务体系尚不完善，各级系统间仍然存在开放共享程度不够、协同服务与治理能力不足、技术功能不规范等问题，这不利于为全国师生信息化教学应用提供有效服务。为此，数字教育资源公共服务与供给方式亟待创新升级，扩大优质数字教育资源覆盖面，集成“国家—省级—市县”优质数字教育资源公共服务大平台体系，实现优质数字教育资源精准到省、到市、到校，保障每位学生享受公平而有质量的基本公共教育资源服务。

6.3.2 教育扶智队伍信息化领导力不强

教育扶智队伍是实施教育精准扶智工作的领导力量，直接决定教育精准扶智的工作效益。提升教育扶智队伍信息化领导力，对于实现区域教育信息化促进教育精准扶智具有重要引领作用。教育扶智队伍涉及师资团队、管理团队和技术支持团队，主要包括教师、校长、技术人员、地方干部。近年来，国家高度重视贫困地区教育扶智队伍建设，形成了较为完善的教育扶智队伍培训体系，开展了系列教育信息化人才培训重点项目，使得教育扶智队伍应用信息技术推动区域教育体系变革的意识和能力普遍提升。但是，仍旧存在教育扶智队伍信息化领导力不足、乡村教师信息化教学能力不强、学校信息化管理团队领导力不足、技术支持团队信息化服务力不强等问题。此外，“互联网＋”、人工智能、大数据等智能技术变革对教师信息素养、校长信息化领导能力、地方干部信息化管理能力、技术人员信息化能力等提出了更高的要求。

在教师能力提升工程 1.0 阶段，完成了新一轮中小学师资信息化教学能力全员培训，建立了较为完善的教师队伍信息技术应用能力标准体系，普遍提升了全国基础教育信息化教学变革意识和能力。而且，开展了关于教师信息技术应用能力的专项系列培训，如“国培计划”“特岗计划”、民族地区教师国家通用语言文字应用能力培训、“三区三州”中小学校长教育信息化专题培训等。但是，由于经济欠发达地区教育信息化发展水平较低，乡村教师信息技术推动教育教学变革意识不强、信息技术应用能力较为薄弱等问题普遍存在。在充分认识 1.0 阶段相关问题的基础上，2.0 阶段重点推进新一代智能技术促进教师信息技术应用能力精准提升，重点关注乡村教师教育信息化教学能力，促进城乡教育均衡发展。专业技术人才是有效落实教育脱贫攻坚、乡村振兴等重大战略的智力保障。尽管部分经济欠发达地区教育信息化设备资源已经到位，但由于本土信息化专业技术人才匮乏，乡村学校仍旧无法真正享受智能技术服务和优质教育资源，城乡新数字鸿沟越来越明显。此外，地方干部信息化领导力是推进乡村数字化治理和乡村振兴的关键驱动力量。2016 年“互联网＋政务服务”纳入国家战略，这标志着信息化领导力成为领导干部的核心素养。自 2019 年数字乡村战略实施以来，农村数字化治理能力不断提高，但是乡村基层干部信息化执政能力仍有待提升。

另外，实现教育扶智对象和教育扶智队伍的双螺旋式共同成长是教育精准扶智的最高价值追求，即促进全民的全面发展。“互联网＋”背景下，全国各地大力推进城乡学校结对帮扶，加强“三个课堂”应用，乡村学校教育质量和师资信息化领导力都有明显提高，但是由于教育扶智队伍存在凝聚力不强、协同力不足、领导力不强等问题，城乡校际教育差距缩减不明显。为此，教育信息化 2.0 时代，需要进一步探索新一代信息技术促进教育扶智队伍共同体构建，构建政府、基础学校、高校、企业等多元组织参与的创新工作机制，实现教育扶智队伍与教育扶智对象的个性化精准匹配和同步成长。

6.3.3　新一代信息技术应用不充分

当前，我国新一代信息技术已经达到甚至超越世界先进水平，显著提高了国家智能数字生产力。例如，与 4G 相比较，5G 技术具有高传速、低时延、广覆盖、大连接、高容量等特点，目前主要应用在智能驾驶、智能电网和智慧医疗方面。截至 2020 年 12 月，中国移动完成了全国地级市以上和部分重点县超过 39 万个 5G 基站建设，移动网络终端达 9 000 万部，2021 年实现全国县市城区以上和重点乡镇 5G 全覆盖。WiFi6 具有高速度、低时延、高续航等特点，能满足日益增长的终端网络服务，提高信息化基本公共服务水平。新一代人工智能具有自主操控、深度学习、跨界融合、群智开放、人机协同特性①，广泛应用在机器翻译、机器人学、智能控制、图像语言识别、专家系统等领域，掀起了新一轮的科技产业革命，为人类社会带来深刻的影响。伴随着云计算、移动互联网的普及，大数据时代的到来，将海量数据应用价值提高到新的高度。大数据技术变革传统数据存储、分析、挖掘和可视化方式，广泛应用在金融交易评估、智能驾驶、电子商务、智慧城市、智慧医疗等方面。WiFi6、5G、物联网、人工智能、大数据等智能技术兼容，优势互补，能够提供承载智能互联、大宽带、低时延等智慧环境技术支持服务，为用户提供高速度、高精度、高智能、高安全性、个性化的服务和体验。

5G、WiFi6、“互联网＋”、人工智能、大数据、云计算等新兴技术应用不充分，

① 国务院. 国务院关于印发新一代人工智能发展规划的通知[EB/OL]. (2017-07-08)[2021-03-13]. http://www.gov.cn/zhengce/content/2017/07/20/content_5211996.htm.

城乡数字鸿沟将进一步加大。近年来,教育精准扶贫相关政策中多次强调应用新一代信息技术。目前,新一代信息技术主要在经济发达城市和教育信息化发展水平较好的地区推广,而在经济欠发达的农村地区应用不充分现象普遍存在。教育信息化推进是一个循序渐进的过程,新一代信息技术推广应用需要借助较为先进的教育信息化基础设施、较为完善的教育信息化管理体制和较为完备的网络安全保障,这很好地解释了经济欠发达地区新兴技术动力不足的原因。但是,作为教育现代化治理工具的组成部分,教育精准扶智离不开新一代信息技术工具的支持,提高教育治理能力的智能化和智慧化。新一代信息技术在教育精准扶智方面有广阔的应用前景。例如,提升经济欠发达地区教育信息化新基建,构建全国各级教育扶智大数据系统,创新教育精准扶智管理体制与机制,促进教育扶智队伍教育信息化领导力提升,促进优质数字教育资源开发和应用,推进乡村学校信息技术与教育教学创新融合等。

第7章

教育信息化促进教育精准扶智路径策略

7.1 教育信息化促进教育精准扶智路径框架

7.1.1 路径依托的核心理念

随着新一代信息技术促进教育颠覆性变革和脱贫攻坚任务的完成，传统信息技术支持下教育精准扶贫的建设目标、建设内容、工作方式等难以满足新时期教育精准扶智的现实要求。面向教育现代化时代的教育精准扶智建设，依托教育精准扶智理念、共同体理念、教育治理现代化创新理念以及现代创新思维理论去实现突破。充分利用教育精准扶智理论，有助于明确教育精准扶智的建设目标和建设任务，充分发挥共同体思想，促进区域教育均衡发展，同步消除城乡间的数字鸿沟。而善于发掘教育治理现代化创新理念和现代创新思维理论，有利于形成教育精准扶智的新机制，创新性地解决了教育精准扶智的关键问题，有效地达到预期目标。

1. 教育精准扶智理念

教育精准扶智理念是我国教育扶贫和精准扶贫工作的创新融合，也是面向21世纪个体全面发展和教育治理现代化的必然要求。教育精准扶智是依托新一代信息技术和创新理论，精准识别教育扶智对象及其需求，通过精准安排本土化、个性化的针对性项目和资源，精准匹配扶智队伍，动态监测教育扶智全过程，精准评估教育扶智效果，提升个体面向21世纪的可持续发展能力。六大“精准”是教育精准扶智理念的内核，即精准识别扶智对象、精准安排扶智项目、精准配置扶智资源、精准匹配扶智队伍、过程动态管理以及精准评价扶智效果，它们相互支撑，互为补充。

2. 共同体理念

共同体是社会学概念，具有共同目标、身份认同感和归属感三项基本特征，既能满足个体需要，同时又具有强烈的特质[①]。共同目标是基础，只有确定符合团体成员的共同目标，才能形成凝聚力，实现真正协作。身份认同感是指个体对自我身份的追问及对处于不同的组织和文化传统的归属感。归属感是共同体维系的纽带，是个体对群体的认可、情感依恋和满意。共同体强调多元主体的重要价值，个体与集体在相互作用、相互影响中实现共同进步，同时促进共同目标的实现和相关问题的解决。对于教育信息化促进教育精准扶智路径建设而言，共同体理念有利于构建不同区域、不同学校、不同组织、不同主体之间的交流和协作，提高教育扶智队伍共同体协作能力，实现区域内优质教育资源共享、教师信息化应用能力、教育信息化领导力以及教学创新应用等同步提升，从而提高区域学校教育治理现代化能力。

3. 现代创新思维理论

教育信息化推动下的教育精准扶智是一项复杂的社会系统工程，运用现代创新思维理论，才能超前部署教育精准扶智，助力乡村振兴。系统思维强调从整体把握教育精准扶智的建设内容，避免顾此失彼，偏离建设目标。协同思维要求优化教育精准扶智的各构成要素，并在协同机制的作用下产生“协同效应”，促进教育精准扶贫向教育精准扶智过渡。“互联网＋”思维、物联网思维强调互联网络与人们生活方方面面的紧密联系，万物信息互通，有利于拓展教育精准扶智体系的数字信息化表达、管理和评价，实现校校通、班班通、人人通，自建自用。跨界思维强调突破传统边界，寻求跨区域、跨组织、跨团队、跨专业等多元视角的问题解决方案，这为教育信息化促进教育精准扶智路径提供了无限想象空间。大数据思维重视全样数据的采集、整理、分析和预测，利用大数据技术、人工智能、云计算等现代信息技术，突破传统数据处理、分析、可视化的局限，发挥数据的最大利用价值。人工智能思维既是智能时代推进智能教育的需要，也是实现教育精准扶智的迫切需要。随着社会发展变化的现代创新思维理论，将依托新一代智能技术，突破传统常规建设思路，探索教育信息化促进教育精准扶智的创新解决方案。

4. 教育治理现代化创新理念

教育治理现代化是以提升教育治理水平为根本目的，通过运用现代化治理的理念和技术，实现治理的主体、客体、目标、方式等关键要素现代化的过程[②]。

---

① 张志旻，赵世奎，任之光，等. 共同体的界定、内涵及其生成——共同体研究综述[J]. 科学学与科学技术管理，2010，31(10)：14-20.

② 王运武，洪俐，陈祎雯，等. 教育应急治理及教育治理现代化的困境、挑战与对策[J]. 中国电化教育，2020(12)：63-68＋98.

从本质上看,教育精准扶智属于教育治理现代化的范畴。教育扶智治理主体的现代化是指人的现代化,即人的治理理念和治理能力的现代化。教育扶智治理客体是指教育扶智对象、教育扶智内容的现代化,即实现教育扶智对象(经济欠发达地区学龄儿童、青少年和青壮年劳动者)的全面发展,使其适应 21 世纪现代社会生存与发展,实现教育扶智政策、制度、问题的治理现代化。教育扶智治理目标现代化是指构建现代化的教育扶智治理体系,达到最优化的教育扶智治理效果。教育扶智治理方式的现代化是指教育扶智治理机制、治理工具、治理技术、决策过程的现代化。按照治理范围,教育扶智治理现代化可以划分为:宏观层面全球、国家教育扶智治理现代化;中观层面省市、区县教育扶智治理现代化;微观层面学校、班级教育扶智治理现代化。教育治理现代化创新理念是新时代国家对教育的新要求,具有前瞻性、全局性和战略性等重要意义,这必将全面引领教育信息化促进教育精准扶智的发展,培养出面向 21 世纪智慧时代的卓越创新型人才。

7.1.2　路径框架构建

借鉴教育信息化精准扶智的相关核心概念和理论研究,结合教育信息化促进教育精准扶智典型实践案例,以及教育信息化促进教育精准扶智发展现状和现实困境,构建了教育信息化促进教育精准扶智的路径框架,如图 7-1 所示。教育信息化精准扶智是在"十四五"期间和教育信息化 2.0 背景下提出的,充分利用教育信息化的发展优势,在巩固拓展教育脱贫攻坚成果的基础上,促进新一代劳动者"智"力要素全面发展,使其成为全面发展的人,促进社会主义现代化强国全面建设。综合已有的相关实践经验和研究成果,教育信息化促进教育精准扶智的基本思路主要包括:

(1) 聚焦教育精准扶智对象及其需求,实现扶真智、真扶智。在全面建成小康社会、推进乡村振兴的背景下,新时期以经济欠发达地区的学龄儿童、青少年和青壮年劳动者为主要的教育扶智对象,关注他们在自主发展、高阶思维、社会发展 3 个维度 12 项关键"智"力的全面发展,因地制宜、因校施策、因材施教。教育精准扶智全面覆盖学前教育、义务教育、高中教育、中职教育、高等教育和成人教育等教育阶段。

(2) 以信息化落实教育精准扶智工作机制。精准识别扶智对象、精准匹配扶智队伍、精准安排扶智项目、精准配置扶智资源、精准监管扶智过程、精准评估扶智效果是教育精准扶智的六项基本工作,它们相互联通,不断迭代优化。全国教育精准扶智信息网络平台是实现教育精准扶智现代化治理的基础,统筹"中央、省、市、县、乡镇、行政村"六级教育扶智数据联通,精准刻画教育扶智对象的数字画像,个性化匹配教育扶智队伍,精准推送教育扶智资源,动态监测教育扶智过程、精准评估教育扶智效果，实现扶真智、真扶智。

(3) 促进经济欠发达地区教育信息化发展，提高教育信息化服务能力。教育信息化基础设施建设、教育信息化创新应用、教师信息技术应用能力提升、教育信息化领导力以及优质数字教育资源共建共享是经济欠发达地区教育精准扶智外部体系建设的重要内容。促进教育信息化创新应用是核心内容，最为直接指向目标对象的"智"力精准提升。

(4) 推进区域教育信息化协同发展，构建教育扶智队伍共同体。教育信息化协同发展是提升教育信息化应用水平、促进教育精准扶智的重要保障。教育精准扶智过程中，教育信息化的重要角色是推进经济欠发达地区信息技术与课堂教学深度融合，而仅依靠经济欠发达地区薄弱的学校力量已跟不上新时代教育创新改革步伐，需要积极调动区域、城乡、校际之间，政府、高校、企业、基础学校之间，优质组织和薄弱组织之间的协同效应和创新机制，围绕教育精准扶智共同目标，权衡各方利益，实现教育扶智队伍的个性化匹配，通过多元主体间的信息交流、优质资源共享、信息化管理和个性化服务等来实现协同发展，全面推进经济欠发达地区新一代劳动力全面发展。

(5) 发挥新一代信息技术应用潜能，创新教育精准扶智现代化治理。5G、WiFi6、"互联网＋"、移动互联网、物联网、大数据、人工智能、云计算等现代信息技术将对教育产生颠覆性影响，推进教育精准扶智治理现代化。作为教育治理现代化的子系统，超前部署新一代信息技术应用将能极大地提高教育精准扶智效益，实现精准扶智，促进乡村振兴，实现共同富裕。

7.2 教育信息化促进教育精准扶智实施策略

7.2.1 超前定位教育精准扶智目标

教育精准扶智既要继续巩固当前教育扶贫攻坚成果，又要超前部署未来教育发展大计。促进经济欠发达地区新一代劳动力智力提升，即学龄儿童、青少年和青壮年劳动者，尤其是建档立卡信息库中农村贫困人口，是当前巩固教育扶贫攻坚成果的关键。学前教育、义务教育、高中教育、中职教育、高等教育和成人教育阶段是教育精准扶智的重要组成部分。完善普惠优质学前教育体系、全面普及并提高基础教育的办学质量、发展现代职业教育以增强致富能力、提高高等教育的社会服务能力、完善成人教育的就业支持服务是教育精准扶智的重要内容。促进人的全面发展是教育的使命，更是教育精准扶智的终极目标。实现教育精准扶智的前提条件是厘清面向 21 世纪的可持续发展能力。为此，综合"智"的本质和 21 世纪核心素养要求，本研究从高阶思维、自主发展、社会发展三个维度，

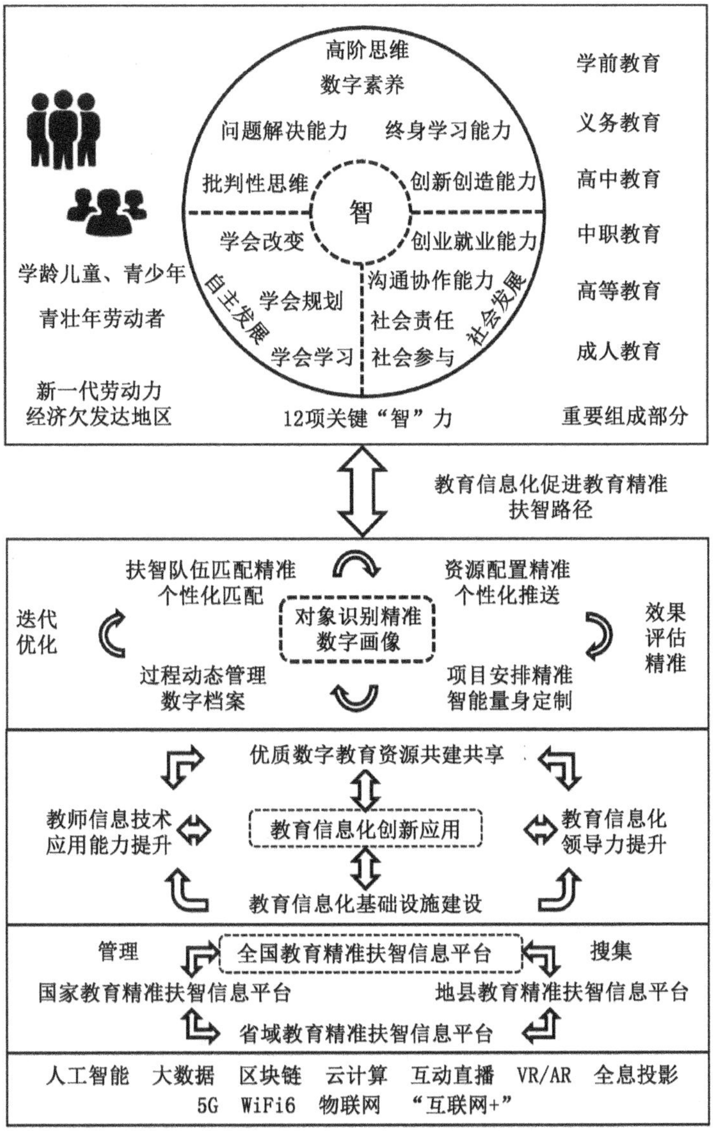

学龄儿童、青少年
青壮年劳动者
新一代劳动力
经济欠发达地区

高阶思维
数字素养
问题解决能力
终身学习能力
批判性思维
创新创造能力
智
学会改变
创业就业能力
沟通协作能力
自主发展
学会规划
社会责任
社会发展
学会学习
社会参与
12项关键“智”力

学前教育
义务教育
高中教育
中职教育
高等教育
成人教育
重要组成部分

教育信息化促进教育精准扶智路径

扶智队伍匹配精准
个性化匹配
资源配置精准
个性化推送
迭代优化
对象识别精准
数字画像
效果评估精准
过程动态管理
数字档案
项目安排精准
智能量身定制

优质数字教育资源共建共享
教师信息技术应用能力提升
教育信息化创新应用
教育信息化领导力提升
教育信息化基础设施建设

管理
全国教育精准扶智信息平台
搜集
国家教育精准扶智信息平台
地县教育精准扶智信息平台
省域教育精准扶智信息平台

人工智能　大数据　区块链　云计算　互动直播　VR/AR　全息投影
5G　WiFi6　物联网　“互联网+”

图 7-1　经济欠发达地区教育信息化促进教育精准扶智路径框架

提出了人人面向 21 世纪应该提升的 12 项“智”力要素，以期为教育精准扶智建设指明发展方向。

高阶思维能力是促进个体自主发展和社会发展的基础，具体包括批判性思维、数字素养、问题解决能力、终身学习能力和创新创造能力五大能力素养。其中，批判性思维强调个体具有独立合理的认知、评判外界的能力；数字素养要求个体具备数字化能力，以适应未来智能社会发展需求；问题解决能力要求个体能够认识、思考、分析问题并解决问题；终身学习能力旨在维持自身可持续发展能力，能够不断接受教育和学习；创新创造力是保持个体社会竞争力、创造人生价值的必备能力。

自主发展能力是决定个体终身学习和可持续发展的内生动力要素，学会改变是前提，学会规划是基础，学会学习是条件。学会改变要求个体不能固步自封，要学会反思自我、他人和外界；学会规划强调个体具有明确的人生目标和行之有效的人生规划；学会学习强调个体擅长利用信息工具、资源、平台，进行高效高质的学习。

社会发展能力是高阶思维能力和自主发展能力的综合表现，是衡量个体参与社会生活的可行能力，是实现个人社会价值的外显能力，具体包括沟通协作能力、创业就业能力、社会参与和社会责任。沟通协作能力强调个体学会与社会建立扎实的关系枢纽，能够与他人进行有效交流和合作；创业就业能力决定个体所处的社会生存环境、所承担的社会角色；社会参与强调个体是社会集体的一员，需要积极参与社会实践活动；社会责任表现在承担处理与他人、社会、国家、国际等综合表现的情感态度、价值取向和行为方式等方面的责任。

7.2.2 有效落实教育精准扶智机制

以信息化手段实现教育扶智对象的精准提“智”，有效落实教育精准扶智的六大精准机制，使它们相互连通，相互支撑，并不断迭代优化。

以信息化刻画教育扶智对象的数字画像，实现教育扶智对象精准识别和精准诊断。依托建档立卡扶贫信息库、贫困学生资助信息库、教育系统信息库、“三通两平台”等信息化系统或平台，整合国家、省域、市县三级教育精准扶智信息，实现教育扶智对象精准识别，致贫原因精准诊断。借助教育精准扶智大数据系统，构建教育扶智对象的数字画像，能够精准地表征、识别、预测不同教育扶智对象的特征、需求和行为，深度挖掘其现状、产业原因和发展需求，进而实现靶向治疗、对症下药。

以信息化创新优质数字教育资源共建共享机制，实现资源配置个性化推送。“十四五”期间，我国教育进入高质量建设阶段，面对不同城乡地区教育发展差异，传统教育扶贫手段难以精准实现教育扶智目标。依托现代信息技术，云教材、云教研、云课堂等优质教育资源实现数字化表达，并通过专递课堂、名师课堂、名校网络课堂、“三通两平台”等网络平台，精准到校、精准到人。根据教育扶智数字画像的数据挖掘，能够精准地识别教育扶智对象发展需求，整合、研发、推送适应教育扶智对象的个性化资源。

以信息化实现因地制宜、因材施教，打造量身定制的教育扶智项目。教育精准扶智提升经济欠发达地区人口综合素质，需要根据不同地区、不同个体的发展需求，实事求是，提供有针对性的教育扶智项目。教育扶智对象的群体画像既能够聚类分析出某一区域或群体的共同发展需求，也能精准诊断不同个体的个性化需求，实现教育精准扶智项目的全面辐射和专项专扶，为经济欠发达地区和教育扶智对象量身定制细粒化、立体化、全方位的项目支持，实现精准扶智。

以信息化构建教育扶智队伍共同体，实现教育扶智队伍个性化匹配。教育扶智队伍建设是教育精准扶智的基础，构建教育扶智共同体是推进经济欠发达地区人口综合素质提升的关键。通过新一代信息技术挖掘教育扶智对象的发展现状和发展条件，如贫困学生所在的省、市、县、村、学校，明确教育扶智对象的第一责任人，形成以教育扶智对象为中心的“一对一、多对一”的结对帮扶共同体。通过提升教师、校长、地方干部等教育扶智队伍教育信息化应用能力，保障教育精准扶智共同体的发展动力。

以信息化建立教育精准扶智数字档案，实现教育扶智全过程的动态管理。信息化支持实时追踪、监测教育扶智对象的现状、需求、内容以及路径，形成教育精准扶智一体化管理的数字档案，并以公开、透明的方式监督教育扶智队伍工作权责、教育扶智项目实施状态和优质教育资源供给情况等。

以信息化实现教育扶智效果精准评估，不断迭代优化。考核成效、优化机制是教育精准扶智评估工作的根本目的。以往教育精准扶贫过多关注资源资金的流动情况和贫困人口受资助情况，评价结论重结果轻过程，评价标准不一，评价方式单一，未能形成标准化、可借鉴的教育精准扶贫评估体系。信息化支持下教育扶智数据的广度和深度不断延伸，实现对教育扶智的过程评估和结果评估，精准评价工作成效、科学预测发展趋势。

7.2.3　重点推进教育信息化外部体系建设

在推进国家治理体系和智力能力现代化背景下，贫困治理必须符合教育治理现代化的基本要求[①]。教育信息化是实现教育现代化的必然途径，为教育精准扶智提供一套个性化、智能化、高效益的教育现代化解决方案，促进教育优质均衡发展、促进教育公平。教育信息化促进教育精准扶智的外部体系建设主要包括以下五个方面的内容。

1. 教育信息化基础环境建设是前提

教育信息化基础环境服务能力关乎经济欠发达地区享有同等教育的服务能力。随着教育信息化 2.0 的推进，数字教育环境正在向智慧教育环境发展，如从数字课堂走向智慧课堂、从数字校园走向智慧校园、从教育信息化示范区走向智

① 王卫军，韩春玲，蒋双双．教育精准扶贫对教育信息化的价值求索[J]．电化教育研究，2017，38(10)：57-61.

慧教育示范区建设。然而由于经济欠发达地区教育基础设施仍旧比较落后，在教育信息化 2.0 转段升级过程中失去先天发展优势，加快了城乡数字鸿沟的增长速度。加强经济欠发达地区的教育信息化基础设施建设是消除地区数字孤岛、缩小数字鸿沟的第一道桥梁。为此，持续提升经济欠发达地区教育信息化基础服务水平是突破信息壁垒、连通外界优质教育资源的前提条件。经济欠发达地区教育信息化基础设施要与时俱进，这样才能保证信息化设备、信息化应用水平和信息化思维同步提升。

2. 优质数字教育资源共建共享是基础

联合优质数字教育资源共建共享是教育均衡发展的关键因素。2021 年 1 月，教育部等五部门发布《关于大力加强中小学线上教育教学资源建设与应用的意见》，着力从平台体系、高质量资源开发、平台资源应用、政策保障体系方面，打造优质数字教育资源共享共用新生态①。以往过多关注数字教育资源的建设数量和覆盖广度，而对资源质量、资源共享和资源应用方面的关注不够，尤其是贫困地区优质数字教育资源供给短缺，教育发展不均衡、不充分。以信息化手段促进区域、城乡、校际之间优质数字教育资源共建共享共用效益，帮助经济欠发达地区学校开齐开足开好国家规定课程，提升乡村教育服务质量和就业培训能力，比如“三个课堂”应用、“一师一优课，一课一名师”活动、城乡网络教学共同体、优质教育资源公共服务平台建设等项目。

3. 教师信息技术应用能力是保障

教师信息技术应用能力提升是信息时代高素质专业化教师必备的基础能力，也是促进教育精准扶智的基本保障。教师信息技术应用能力已经纳入我国教师培训项目的重要内容，比如能力提升 1.0 和 2.0 工程、“国培计划”以及全国各地教师培训项目。尽管目前教师信息化教学改革意识和应用能力普遍提升，但是城乡教师信息素养仍存在明显差距。“互联网＋教育”背景下，以“网络教研共同体”“名师网络课堂”“名师课堂”“双师课堂”等多种方式，实现优质师资与薄弱师资跨时空教学和教研协作交流，促进经济欠发达地区师资信息化教学水平提升。

4. 教育信息化领导力是关键

地方干部和校长的信息化领导力是影响地区学校教育信息化建设和教育精准扶智机制落实的关键因素。“互联网＋”时代，通过线上网络教研和线下实践操作相结合的方式，围绕地方 /学校的数字环境建设、信息化管理、信息化人才培

---

① 教育部. 教育部等五部门发布《关于大力加强中小学线上教育教学资源建设与应用的意见》[EB/OL]. (2021-01-28) [2021-03-13]. http://www.moe.gov.cn/srcsite/A06/s3325/202102/t20210207_512888.html.

训、信息化应用、数字经济建设、典型实践案例推广等内容，培养"种子"领导力，推进区域教育信息化领导力培训全覆盖。地方干部和中小学校长是推进经济欠发达地区信息化发展的"领头羊"，提升其教育信息化规划、管理和决策能力，能很好地促进区域教育信息化建设、信息化人力资源建设、信息化教学创新应用，促进区域学校教育信息化治理体系和治理能力现代化。

5. 教育信息化应用是核心

教育信息化创新应用继承以上四大外部体系建设内容，聚焦教育扶智对象，精准扶智。教育信息化创新应用直接面向教育扶智对象，最终目标是实现信息技术与教育教学深度融合，即依托信息化教学环境，实现"教与学"生态体系创新变革，转变传统教学思路、内容、方法和模式，为促进学生的全面发展提供教育精准扶智服务。当前，我国教育进入高质量教育体系建设的内涵式发展阶段，经济欠发达地区教育基本全面普及，正面临着"上好学"和"学有所成"的瓶颈问题。推进新一代信息技术教育创新应用，亟须加快促进经济欠发达地区教育体系颠覆性变革，促进教育扶智对象的全面发展。

7.2.4 适时构建全国教育精准扶智信息平台

全国教育精准扶智信息平台是由国家、省域、市县教育精准扶智信息平台组成，完成自下而上的教育精准扶智信息搜集以及自上而下的教育精准扶智信息化管理，实现区域教育精准扶智数据联通和一键式管理。市县教育精准扶智信息平台需要向上逐级连接省级、国家级相关数据库，并实现教育扶智精准到县村、精准到校、精准到人。省级教育精准扶智信息平台是国家级和市县级平台的枢纽，向下需要联通市县教育精准扶智信息平台，实现对全省市县的教育精准扶智信息化管理；向上需要联通国家教育精准扶智信息平台，完成国家战略任务的信息化监督和考核。国家教育精准扶智信息平台是根据国家教育信息化与教育精准扶智相关的重大战略政策以及教育精准扶智评价体系，实现对各省政策、项目、资金、人才等信息化管理和监测。此外，三级教育扶智信息平台还要做好与企业、高校、中小学等教育扶智数据进行互联互通，提高教育扶智力量的凝聚力，从而实现精准扶智。

全国教育精准扶智信息平台是落实教育精准扶智机制、推进教育信息化外部体系的关键枢纽。目前，全国基本建成教育精准扶贫信息系统，初步完成学生学籍数据库和贫困人口建档立卡数据库的数据联通，为全国教育精准扶智信息平台建设奠定了基础。与教育精准扶贫目标、内容和任务不同，全国教育精准扶智信息平台还需要根据教育精准扶智新的要求，聚焦经济欠发达地区教育扶智对象的相关信息，完成从教育精准扶贫向教育精准扶智信息体系的全面升级，实现教育扶智数据的高度集成和智能处理。依托全国教育精准扶智信息平台，可以精准识别教育扶智对象并科学评判其智贫原因，个性化推送教育扶智资源，量身定制教育扶智项目，全过程动态监测对象扶智过程和效果。依据教育精准扶智量化评价指标评估帮扶成效，促进教育精准扶智机制的迭代优化，形成教育信息化促进教育精准扶智的最优解决方案。

全国教育精准扶智信息平台将有效推进教育信息化外部体系建设，为教育信息化精准发力提供科学依据。全国教育精准扶智信息平台能够厘清教育精准扶智现状和发展差距，助力国家、省级、市县适当倾斜经济欠发达区域教育信息化政策资源。比如，借助平台关于教育扶智对象的数字画像和群体画像，生成个体、群体、区域教育扶智现状和需求水平报告，为教育信息化和教育精准扶智的相关政策制定提供参考数据，打造全国全区域的教育精准扶智现代化治理体系。

7.2.5　创新应用新一代信息技术

5G、WiFi6、物联网、“互联网＋”、人工智能、大数据、区块链、云计算、互动直播、VR/AR、全息投影等新一代信息技术发展，为教育精准扶智带来新的机遇。

例如，5G 技术促进城乡教育共同体创新变革。一方面，5G 支持大规模在线教学、同步课堂、专递课堂和网络名师课堂、双师课堂、远程教研等远程教学协作，提供以教育扶智对象为中心的高清画面、低时延的全息临场感教育体验。另一方面，5G 基站扩建将解决室外网络覆盖问题，帮助偏远地区师生享有随时随地访问优质数字教育资源和远程教学交流协作体验。此外，5G 与 WiFi6、“互联网＋”、物联网等技术结合，能够承载大规模城乡教育共同体环境智能互联、低时延传输、高清画质、多感知交互等智慧教育服务，为偏远地区提供高临场感、高安全性、高速度、高交互性、个性化的远程教育支持服务和体验。

例如，大数据技术促进教育精准扶智机制落实，实现教育扶智全样本、全过程数据精准获取、处理、分析和评估。区别于传统人工采集的建档立卡扶贫信息，大数据技术支持的教育精准扶智信息平台，实现多模态教育扶智数据伴随式自动化收集，提高数据的准确性。大数据、云计算、人工智能等技术实现教育扶智数据标准化，提升数据的运算速度、识别精准、处理能力以及分析结果的信效度，促进数据分析精准。大数据技术实现教育扶智数据深度挖掘，如数据挖掘技术、机器学习算法、人工神经网络与遗传算法、聚类分析与模式识别等算法和技术应用，将提高数据应用价值。大数据技术赋能数据有自我修复功能，即网络中的数据，皆有迹可循，若存在数据遗失情况可以通过信息技术工具和方法进行重新修复。

综上所述，创新应用新一代信息技术，探索新一代信息技术支持教育精准扶智创新路径，建成高效化、数字化、智慧化的城乡教育“快车道”，缩小城乡数字鸿沟，极大地提升经济欠发达地区教育信息化治理能力。

7.3　教育信息化促进教育精准扶智保障机制

7.3.1　完善教育信息化　促进教育精准扶智政策法规制定

教育精准扶智的政策法规制定对实现我国第二个百年目标具有至关重要的作用。目前,我国正处于教育精准扶贫过渡时期,教育信息化促进教育精准扶智战略规划匮乏,亟须成立相关专家领导小组,科学研制教育精准扶智的顶层规划和评价体系。在总结教育扶贫和精准扶贫的政策指导和实践经验的基础上,政策需要明确"十四五"期间教育信息化促进教育精准扶智的总体要求、目标任务、实施行动和保障措施。

从政策涉及范围来看,从国家,到省市,到区县,再到学校教育扶智政策,从宏观到微观,逐级推进,后者的研制以前者为参考,这与国家扶贫"中央统筹、省级负责、逐级推进"的建设理念一致。越宏观的政策应该更加注重顶层设计和战略方向指导,越微观的政策应更加切合具体行动方案,更加有利于实施。为此,教育信息化与教育精准扶智政策的制定可以提供一套由宏观到微观的行动方案体系,推进政策有效执行。

从政策内容来看,教育信息化视域下教育扶智是一个复杂的宏观概念,主要包括教育精准扶智机制落实、信息化基础环境建设、优质数字教育资源建设与应用、教育信息化管理、教育信息化应用、教育信息化领导力培训、教师信息技术应用能力培训、教育信息化人力资源建设等方面内容。教育信息化促进教育精准扶智政策法规应该向经济欠发达地区倾斜,聚焦教育精准扶智对象及其发展需求,健全国家、省级、市县教育公共服务体系,促进教育扶智对象的全面发展。

7.3.2　构建教育信息化　促进教育精准扶智管理体制与机制建立

建立经济欠发达地区教育精准扶智信息化创新机制是实现教育精准扶智的前提和基础,也是延续中国减贫学、中国特色减贫方案、中国特色治理文化和治理能力的必然选择。推进教育精准扶智需要面向 21 世纪信息社会创新人才培养需求,聚焦新一代劳动力智力提升,建立国家、省级、市县、学校一体化的协同管理创新机制。①重点推进全国教育精准扶智信息大平台建设,依托新一代信息技术,实现各级各类教育扶智数据的联通,智能化地采集、处理和分析教育扶智数据,促进教育精准扶智机制落实和教育信息化外部体系建设。②健全教育扶智多元主体参与激励机制,以地方教育部门和国家乡村振兴局为主体,组建中小学校、高校、企业、相关组织等多元参与的教育扶智队伍,形成"1＋N"优质组织和薄弱组织的教育扶智共同体,促进优质数字教育资源共建共享共用,实现教育均衡而有质量发展。③组织多元化创新专家团队，科学研制教育精准扶智成效评价指标体系，聚焦新一代劳动力的教育扶智目标，建立全过程、多维度、精细化的教育精准扶智评价监测机制，并利用教育信息化促进教育扶智目标的实现。④超前部署新一代信息技术应用，加快乡村地区学校教育质量变革进程，创新教育精准扶智机制和教育信息化解决路径。

7.3.3 促进教育扶智共同体构建及其个性化匹配

精准扶智工作的开展需要精准结对，构建动态扶智共同体，以实施高效适切扶智①。教育扶智共同体包括宏观层面的“政府—高校—企业—基础学校”四方协同，中观层面的优质组织与薄弱组织“1＋N”结对帮扶，微观层面的师资团队、技术团队、管理团队等教育扶智团队与教育扶智对象的个性化匹配。构建教育扶智共同体要求以教育扶智对象(经济欠发达地区的学龄儿童、青少年和青壮年劳动者)为中心，组织跨界专家领导团队，促进“政府、高校、企业、基础学校”以及教育扶智团队的全方位多元参与，形成“1＋N”个性化匹配的教育扶智共同体。教育扶智共同体结构图如图 7-2 所示。

1. 宏观层面

宏观层面，促进“政府—高校—企业—基础学校”四方协同需要厘清各自不同的利益诉求，通过建立共同目标联结在一起。政府、高校、企业和基础学校在推进教育信息化促进教育精准扶智过程中扮演着不同的角色，发挥着不同的作用。①区域政府负责为区域提供顶层规划、政策指导、资助保障和监督考核，统一协调各级部门工作目标和方向，全方位监督评估教育扶智的工作进展和绩效。②高校充分发挥智力资本和人才培养优势，与政府、企业、其他高校、中小学校合作共赢。③企业由于适应国家战略发展、社会市场发展和社会责任等诉求，利用创新的专业技术研发团队、成熟的教育信息化产品和一体化的教育信息化管理服务等优势，可以研发适合区域教育精准扶智需求的特色教育信息化产品，提供技术支持服务。④基础学校需要充分认识自身发展需求，依托国家、企业、高校的教育优惠服务，全面建设学校教育信息化基础环境、教育信息化领导团队、教师信息技术应用能力、优质教育信息化资源、教育信息化教学创新应用等，为教育扶智对象提供精准智力支持。

2. 中观层面

中观层面，构建优质组织和薄弱组织“1＋N”协同模式(即“优薄共同体”)是依托经济较发达、信息化发展较好、教育质量较强的地区优质组织，带动经济欠

① 文燕银，陈琳，张高飞，等. 教育扶贫新阶段：精准扶智 2.0[J]. 现代远程教育研究，2020，32(5)：52-59.

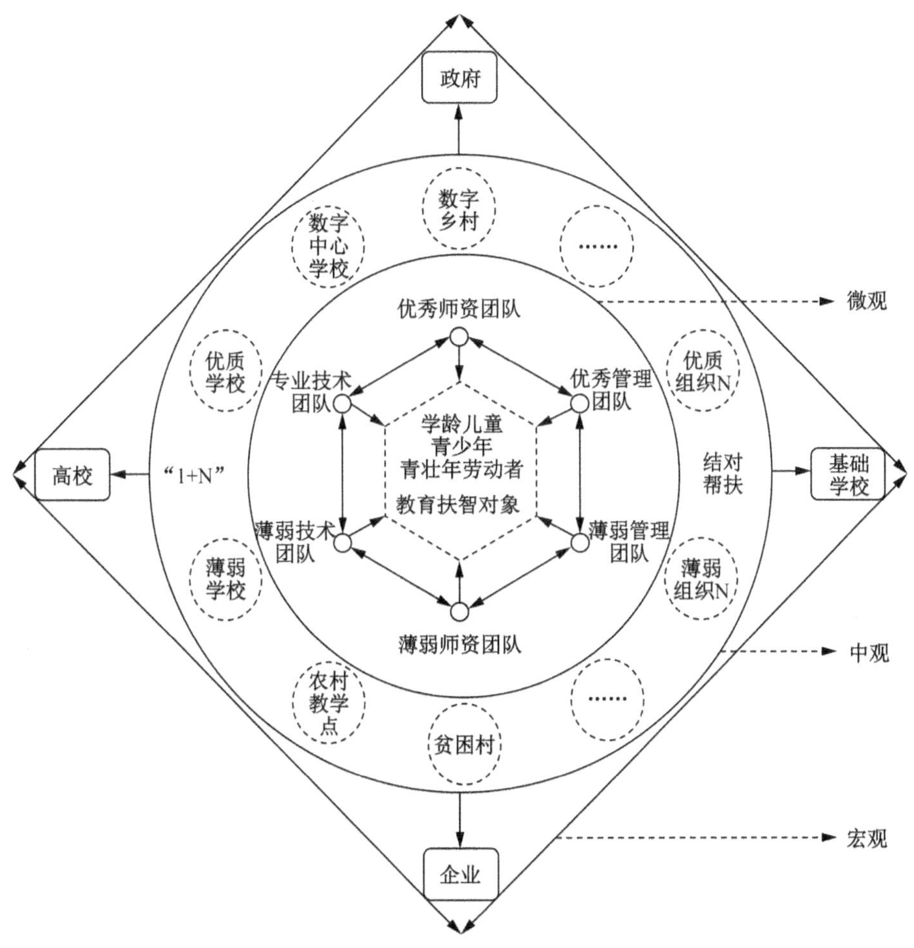

图 7-2　教育扶智共同体结构图

发达地区、信息化发展缓慢、教育质量待提升的地区薄弱组织，实现优薄组织共同发展。换言之，以 1 个薄弱组织(如薄弱学校、农村教学点、贫困村等)为中心，N 个优质组织(如优质学校、数字中心学校、数字乡村等)的多元化个性匹配，按需进行结对帮扶，促进教育精准扶智。优薄共同体需要利用现代教育技术，充分发挥优质组织的特色优势，实现优质组织与薄弱组织的结对帮扶，提升薄弱地区的教育信息化办学水平和人才培养能力。

3. 微观层面

微观层面，以教育扶智对象、师资团队、技术团队、管理团队的四方协作为基础，促进教育扶智对象全面可持续发展能力提升。教育扶智对象是经济欠发达地区学龄儿童、青少年和青壮年劳动者；师资团队主要是指优质学校和薄弱学校的教师；技术团队是对为学校教育信息化推进教育精准扶智提供技术支持的服务人员的统称，主要指向相关企业、高校、基础学校的技术指导团队；管理团队是对负责组织、监督、实施教育信息化促进教育精准扶智工程的人员的统称，主要包括各级教育政府部门的管理人员和学校校长。对于学龄儿童、青少年，通过提高经济欠发达地区教育扶智团队的帮扶能力和薄弱组织人才培养能力，并精准识别智力发展需求，为其个性化地提供资源和服务，促进其 12 项关键“智”力的全面发展，主动适应 21 世纪信息社会发展机遇和挑战。对于青壮年劳动者，通过学校职业技能培训与地方实践活动相结合的方式，为其个性化地匹配到优质学校接受再教育、再学习的就业技能培训服务，并结合地方特色产业或相关岗位人才技能需求，提高其可持续发展能力，从而帮助其创新创业。

7.3.4 提升教育扶智队伍信息化领导力

提升乡村教师信息技术应用能力，促进课堂教学质量变革。全面推进新兴技术助力高素质专业化教师队伍培训项目建设，并向经济欠发达地区倾斜；积极鼓励教师参与地方学校组织的教研培训、信息化教学成果比赛等活动；建立乡村教师网络教研平台，精准识别教师发展需求，个性化推送优质教学资源，促进教师专业化成长。

提升乡村校长教育信息化领导力，服务学校提高教育信息化办学质量。通过典型示范、实践观摩、送培上门、远程指导等方式，提升乡村校长的教育现代化治理理念，提高其教育信息化规划能力、教育信息化管理能力、教育信息化创新应用能力等，促进教师信息化教学能力提升，进而提高学校教育信息化办学水平。

培养本地专业化、高素质信息技术人员，完善地区教育信息化技术支持服务。在经济欠发达地区学校和薄弱村精选一批信息素养较高、技术能力较强的“种子”技术人员，配合地区学校教育信息化促进教育精准扶智重点项目的技术服务需求，有针对性地培养本土技术人员的技术指导、信息化维护和信息化管理能力，为经济欠发达地区教育精准扶智提供技术支持服务。

提升地方干部信息化领导力，落实教育精准扶智政策。地方干部是推进教育精准扶智的第一责任人，其信息化领导力将决定区域教育信息化发展进程和质量。结合地方经济发展特色和教育信息化发展现状，遵循因地制宜、因材施教、分类指导方式。借助国家、省级、市县教育精准扶智信息平台的政务管理子平台，明确各级干部职责，组织创新跨界专家团队和政府领导团队，进行线上、线下或混合方式的精准指导，提升地方干部教育现代化治理能力和信息化领导能力。

参考文献

[1] 安富海.学习空间支持的智力流动:破解民族地区教师交流困境的有效途径[J].电化教育研究,2017,38(9):102-107.

[2] 阿马蒂亚·森.以自由看待发展[M].任赜,于真,译.北京:中国人民大学出版社,2002.

[3] 2020年全球多维贫困指数(MPI)[EB/OL].(2020-08-13)[2021-01-03].https://baijiahao.baidu.com/s?id=1674913629644291789&wfr=spider&for=pc.

[4] 褚宏启.核心素养的国际视野与中国立场——21世纪中国的国民素质提升与教育目标转型[J].教育研究,2016,37(11):8-18.

[5] 陈恩伦,陈亮.教育信息化观照下的贫困地区教育精准扶贫模式探究[J].中国电化教育,2017(3):58-62.

[6] 褚宏启.关于教育公平的几个基本理论问题[J].中国教育学刊,2006(12):1-4.

[7] 陈庆贵.农村中小学现代远程教育环境下的教学应用模式研究[J].电化教育研究,2006(12):35-40.

[8] 代蕊华,于璇.教育精准扶贫:困境与治理路径[J].教育发展研究,2017,37(7):9-15+30.

[9] 邓莉,彭正梅.通向21世纪技能的学习环境设计——美国《21世纪学习环境路线图》述评[J].开放教育研究,2016,22(5):11-21.

[10] 冯仰存,任友群.教育信息化2.0时代的教育扶智:消除三层鸿沟,阻断贫困传递——《教育信息化2.0行动计划》解读之三[J].远程教育杂志,2018,36(4):20-26.

[11] 裴新宁,刘新阳.为21世纪重建教育——欧盟"核心素养"框架的确立[J].全球教育展望,2013,42(12):89-102.

[12] 方慧. 以信息化推进职教精准扶贫的机制与路径[J]. 教育与职业,2018(10):42-48.

[13] 费龙,马元丽. 英国基础教育信息化发展研究[J]. 中国电化教育,2008,(8):24-29.

[14] 光明网. 国务院扶贫办:聚焦深度贫困地区 带领 551 万贫困人口年底脱贫摘帽[EB/OL]. (2020-03-12)[2021-01-03]. http://news.cctv.com/2020/03/12/ARTIRIRWfibetLYK9v8Hbyaq200312.shtml.

[15] 国家乡村振兴局. 全国扶贫开发工作会议在京召开 强调乘势而上开拓奋进 实现巩固拓展脱贫攻坚成果 同乡村振兴有效衔接[EB/OL]. (2020-12-31)[2021-03-13]. https://www.huaihua.gov.cn/fpkfb/c100641/2020 12/73cf0ed0e219447e94e4802caefe98d2.shtml.

[16] 中共中央办公厅,国务院办公厅.《关于创新机制扎实推进农村扶贫开发工作的意见》印发[EB/OL]. (2014-01-25)[2021-03-13]. http://www.gov.cn/zhengce/2014/01/25/content_2640104.htm.

[17] 国家乡村振兴局. 关于印发《建立精准扶贫工作机制实施方案》的通知[EB/OL]. (2014-05-26)[2021-03-13]. http://nrra.gov.cn/art/2014/5/26/art_50_23765.html.

[18] 国家乡村振兴局. 国务院扶贫办关于印发《全国扶贫开发信息化建设规划》的通知[EB/OL]. (2014-07-08)[2021-03-13]. http://nrra.gov.cn/art/2014/7/8/art_343_381.html.

[19] 国务院. 中共中央 国务院关于打赢脱贫攻坚战的决定[EB/OL]. (2015-12-07)[2021-03-13]. http://www.gov.cn/zhengce/2015-12/07/content_5020963.htm.

[20] 国家乡村振兴局. 中央网信办、国家发展改革委、国务院扶贫办联合发文 加快实施网络扶贫行动[EB/OL]. (2016-10-31)[2021-03-13]. http://nrra.gov.cn/art/2016/10/31/art_46_55127.html.

[21] 高静,武彤,王志章. 网络扶贫的逻辑进路与现实鉴证——以凉山彝族自治州为例[J]. 农村经济,2019(6):83-90.

[22] 国际劳工组织. 关于劳动世界的未来百年宣言[EB/OL]. (2019-06-21)[2021-03-13]. https://www.ilo.org/wcmsp5/groups/public/---ed_norm/---relconf/documents/meetingdocument/wcms_712200.pdf.

[23] 国家乡村振兴局. 关于公布全国连片特困地区分县名单的说明[EB/OL]. (2012-06-14)[2021-03-13]. http://nrra.gov.cn/art/2012/6/14/art_343_41.html.

[24] 国务院. 中办国办印发意见 支持深度贫困地区脱贫攻坚[EB/OL]. (2017-11-21)[2021-03-13]. http://www.gov.cn/zhengce/2017-11/21/content_

5241334. htm.

[25] 国家统计局. 东西中部和东北地区划分方法[EB/OL]. (2011-06-13)[2021-03-13]. http://www. stats. gov. cn/ztjc/zthd/sjtjr/dejtjkfr/tjkp/201106/t20110613_71947. htm.

[26] 国家统计局住户调查办公室. 中国农村贫困监测报告 2020[M]. 北京:中国统计出版社,2020.

[27] 工信部. 工业和信息化部关于开展 2019 年 IPv6 网络就绪专项行动的通知[EB/OL]. (2020-10-29)[2021-03-13]. http://www. cac. gov. cn/2019/05/01/c_1124441555. htm.

[28] 国务院. 国务院关于印发新一代人工智能发展规划的通知[EB/OL]. (2017-07-08)[2021-03-13]. http://www. gov. cn/zhengce/content/2017-07/20/content_5211996. htm.

[29] 黄承伟,覃志敏. 论精准扶贫与国家扶贫治理体系建构[J]. 中国延安干部学院学报,2015,8(1):131-136.

[30] 黄慕雄,张秀梅,张学波,等. 教育信息化校地帮扶实践设计研究——以华南师范大学对口帮扶西藏林芝地区为例[J]. 中国电化教育,2019(10):54-60+101.

[31] 赫尔曼·哈肯. 协同学:大自然构成的奥秘[M]. 凌复华,译. 上海:上海译文出版社,2013.

[32] 互联网. 专题解析|中国移动 2020 年《WiFi6 路由器评测》:WiFi6 有多 6? [EB/OL]. (2020-05-04)[2021-03-13]. http://www. itbear. com. cn/html/2020-10/391287. html.

[33] 互联网教育智能技术及应用国家工程实验室. 2020 年教育部"三区三州"中小学校长教育信息化专题培训网络筹备会召开[EB/OL]. (2020-05-14)[2021-03-13]. https://cit. bnu. edu. cn/skfw/xxhpx/95536. html.

[34] 教育部. 教育部关于印发《教育信息化"十三五"规划》的通知[EB/OL]. (2016-06-07)[2021-03-13]. http://www. moe. gov. cn/srcsite/A16/s3342/201606/t20160622_269367. html.

[35] 教育部. 教育部关于印发《教育信息化 2.0 行动计划》的通知[EB/OL]. (2018-04-13)[2021-03-13]. http://www. moe. gov. cn/srcsite/A16/s3342/201804/t20180425_334188. html.

[36] 教育部. 国务院办公厅转发教育部等部门关于实施教育扶贫工程意见的通知[EB/OL]. (2013-07-29)[2021-03-13]. http://www. moe. gov. cn/jyb_xxgk/moe_1777/moe_1779/201309/t20130912_157306. html.

[37] 金久仁. 教育扶贫内涵指涉与路径转型[J]. 教育与经济,2020,36(2):10-18.

[38] 贾巍,张小佳,黄兰芳. 教育信息化精准扶贫:内涵、策略与保障机制[J]. 中国教育信息化,2020(1):1-6.

[39] 江吉林."互联网+"背景下职业教育扶贫:行动逻辑、现实困境及变革路径[J].黄冈师范学院学报,2019,39(1):61-65.

[40] 教育部.2002—2003 年教育信息化发展概况[EB/OL].(2003-08-12)[2021-03-13].http://www.moe.gov.cn/srcsite/A16/s7062/200308/t20030812_82372.html.

[41] 教育部.同在蓝天下,共享优质教育资源——全国农村中小学现代远程教育工程介绍[EB/OL].(2007-11-30)[2021-03-13].http://www.moe.gov.cn/jyb_xwfb/xw_fbh/moe_2069/moe_2095/moe_2100/moe_1851/tnull_29185.html.

[42] 教育部.教育部关于加强"三个课堂"应用的指导意见[EB/OL].(2020-03-05)[2021-03-13].http://www.moe.gov.cn/srcsite/A16/s3342/202003/t20200316_431659.html.

[43] 教育部.安徽:农村城区同上一课师生实时互动交流国家课程开齐开足——在线课堂覆盖所有教学点[EB/OL].(2018-09-19)[2021-03-13].http://www.moe.gov.cn/jyb_xwfb/moe_2082/zl_2018n/2018_zl64/201809/t20180919_349309.html.

[44] 教育部.教育部关于实施全国中小学教师信息技术应用能力提升工程 2.0 的意见[EB/OL].(2019-03-21)[2021-03-13].http://www.moe.gov.cn/srcsite/A10/s7034/201904/t20190402_376493.html.

[45] 教育部.2019 年中国语言文字事业和语言生活总体状况[EB/OL].(2020-06-02)[2021-03-13].http://www.moe.gov.cn/fbh/live/2020/52038/sfcl/202006/t20200602_461646.html.

[46] 教育部.2020 扶贫日语言扶贫成果发布会举行系列成果助力脱贫攻坚[EB/OL].(2020-10-18)[2021-03-13].http://www.moe.gov.cn/jyb_xwfb/gzdt_gzdt/s5987/202010/t20201019_495491.html.

[47] 教育部.教育扶贫科技助力——墨韵智能书法进校园项目第三期正式启动[EB/OL].(2020-08-15)[2020-12-10].http://www.moe.gov.cn/jyb_xwfb/gzdt_gzdt/s5987/202008/t20200820_479103.html.

[48] 教育部.52 个未摘帽贫困县教师国家通用语言文字能力提升在线示范培训圆满完成.[EB/OL].(2020-08-10)[2021-03-13].http://www.moe.gov.cn/jyb_xwfb/gzdt_gzdt/s5987/202008/t20200810_477246.html.

[49] 教育部.多措并举助力南涧基础教育质量提升——清华大学 2019 年全国扶贫日典型宣传材料[EB/OL].(2019-10-14)[2021-03-13].http://www.moe.gov.cn/jyb_xwfb/xw_zt/moe_357/jyzt_2019n/2019_zt27/zsgx/qhdx/201910/t20191014_403282.html.

[50] 教育部.发挥系统办学优势,助力教育精准扶贫[EB/OL].(2017-10-17)[2021-03-13].http://www.moe.gov.cn/jyb_xwfb/xw_zt/moe_357/jyzt_2017nztzl/

2017_zt12/17zt12_zsdwjyjs/201710/t20171017_316504. html.

[51] 教育部. 扎根中国大地办教育——国家开放大学精准教育扶贫纪实[EB/OL]. (2020-10-18)[2021-03-13]. http://www. moe. gov. cn/jyb_xwfb/xw_zt/moe_357/jyzt_2019n/2019_zt27/zsdw/kaifangdaxue/201910/t20191014_403274. html.

[52] 教育部. 薄弱学校改造工作目标提前一年基本实现 农村义务教育学校办学条件得到显著改善[EB/OL]. (2019-02-26)[2021-03-13]. http://www. moe. gov. cn/fbh/live/2019/50340/sfcl/201902/t20190226_371170. html.

[53] 教育部. 2019 年全国教育经费执行情况统计公告[EB/OL]. (2020-10-28)[2021-03-13]. http://www. moe. gov. cn/srcsite/A05/s3040/202011/t20201103_497961. html.

[54] 教育部. 教育部等六部门关于印发《教育脱贫攻坚“十三五”规划》的通知[EB/OL]. (2016-12-16)[2021-03-13]. http://www. moe. gov. cn/srcsite/A03/moe_1892/moe_630/201612/t20161229_293351. html.

[55] 经济日报. 云南建成精准扶贫“大数据”平台[EB/OL]. (2017-01-01)[2021-03-13]. http://www. xyshjj. cn/newspaper/2017-1-2-7-4612573. html.

[56] 教育部. 全国扶贫日湖南典型材料之一运用信息化手段打通教育精准扶贫最后一公里——湖南教育精准扶贫“一单式”信息系统建设与应用实践[EB/OL]. (2019-10-15)[2021-03-13]. http://www. moe. gov. cn/jyb_xwfb/xw_zt/moe_357/jyzt_2019n/2019_zt27/jyjs/hunan/201910/t20191015_403553. html.

[57] 教育部. 全国 6.36 万个教学点实现数字教育资源全覆盖[EB/OL]. (2014-12-22)[2021-03-13]. http://www. moe. gov. cn/jyb_xwfb/gzdt_gzdt/s5987/201412/t20141222_182212. html.

[58] 教育部. 5.78 万个教学点享受优质教育资源[EB/OL]. (2014-03-05)[2021-03-13]. http://www. moe. gov. cn/jyb_xwfb/gzdt_gzdt/s5987/201403/t20140305_164896. html.

[59] 教育部. 关于政协十三届全国委员会第三次会议第 2793 号(教育类 252 号)提案答复的函[EB/OL]. (2020-11-09)[2021-03-13]. http://www. moe. gov. cn/jyb_xxgk/xxgk_jyta/jyta_kjs/202012/t20201209_504375. html.

[60] 教育部. 2019 年 12 月教育信息化和网络安全工作月报[EB/OL]. (2020-01-22)[2021-03-13]. http://www. moe. gov. cn/s78/A16/gongzuo/gzzl_yb/202112/t20211221_589028. html.

[61] 教育部. 让亿万孩子同在蓝天下共享优质教育资源——“十三五”期间教育信息化有关情况介绍[EB/OL]. (2020-12-01)[2021-03-13]. http://www. moe. gov. cn/fbh/live/2020/52692/sfcl/202012/t20201201_502584. html.

[62] 教育部.陕西省坚持教育扶贫劲头不松、力度不减 持续为巩固脱贫攻坚成果注入强劲“智”动力[EB/OL].(2021-03-12)[2021-03-13]. http://www.moe.gov.cn/jyb_xwfb/s6192/s222/moe_1759/202103/t20210312_519265.html.

[63] 教育部.孩子网课上得怎么样、中高考改革有何最新进展[EB/OL].(2020-12-10)[2021-03-13]. http://www.moe.gov.cn/fbh/live/2020/52763/mtbd/202012/t20201210_504694.html.

[64] 教育部.国家教育督导检查组对河南省义务教育基本均衡发展督导检查反馈意见[EB/OL].(2020-12-18)[2021-03-13]. http://www.moe.gov.cn/jyb_xwfb/gzdt_gzdt/s5987/202012/t20201218_506431.html.

[65] 教育部.关于实施“教育部-中国电信中小学校长信息技术应用能力提升项目”的通知[EB/OL].(2014-03-03)[2021-03-13]. http://www.moe.gov.cn/s78/A10/tongzhi/201403/t20140307_164985.html.

[66] 教育部.教育部等五部门发布《关于大力加强中小学线上教育教学资源建设与应用的意见》[EB/OL].(2021-01-28)[2021-03-13]. http://www.moe.gov.cn/srcsite/A06/s3325/202102/t20210207_512888.html.

[67] 雷朝滋.教育信息化:从 1.0 走向 2.0——新时代我国教育信息化发展的走向与思路[J].华东师范大学学报(教育科学版),2018,36(1):98-103+164.

[68] 刘菁菁.新加坡发布学生 21 世纪技能和目标框架[J].世界教育信息,2014,27(8):72.

[69] 李华,刘宋强,宣芳,等.教育信息化助推民族地区教育精准扶贫问题研究[J].中国电化教育,2017(12):33-40.

[70] 雷励华,左明章.面向农村教学点的同步互动混合课堂教学模式研究[J].电化教育研究,2015,36(11):38-43.

[71] 梁文鑫.“互联网+”时代系统视角下乡村教师精准扶智机制与路径研究[J].中国电化教育,2019(2):36-42.

[72] 刘洋,林毅君.精准扶智:农村教学点在线课堂实践共同体研究——以安徽省界首市为例[J].中小学电教,2019(10):78-80.

[73] 刘忠民.基于平台+资源服务体系的网络扶智研究——以吉林省为例[J].中国电化教育,2019(7):122-126.

[74] 李梦,吴娟.“深耕课堂·三方协同”精准教育扶贫模式的构建与实践[J].中国电化教育,2020(2):50-57+82.

[75] 梁林梅,陈圣日,许波.以城乡同步互动课堂促进山区农村学校资源共享的个案研究——以“视像中国”项目为例[J].电化教育研究,2017,38(3):35-40.

[76] 刘忠民,王喆.“互联网+教育”精准扶贫助推城乡教育均衡发展——以吉林省武龙中学为例[J].中国电化教育,2016(8):98-101.

[77] 联合国教科文组织.联合国教科文组织国际扫盲奖[EB/OL].(2018-07-06)

[2021-03-13]. https://zh.unesco.org/themes/literacy/prizes.
[78] 李哲，张海."未来学校"中孕育的希望(一)：破冰启航——日本总务省"未来学校推进事业"综述[J]. 中国信息技术教育，2013(1)：117-119.
[79] 李晓明. 贫困代际传递理论述评[J]. 广西青年干部学院学报，2006(2)：75-78+84.
[80] 李兴洲. 公平正义：教育扶贫的价值追求[J]. 教育研究，2017，38(3)：31-37.
[81] 赖秀冬. 国家开放大学"长征带"教育精准扶贫工程在赣州启动[N]. 赣南日报，2017-04-09(001).
[82] 李奕，宫辉力. 教育信息化融入基本公共教育服务的理念与途径——以北京市为例[J]. 中国教育学刊，2013(8)：9-11+61.
[83] 马敏. 精准扶贫：教育信息化大有可为[N]. 人民政协报，2015-09-30(010).
[84] 马新文. 阿玛蒂亚·森的权利贫困理论与方法述评[J]. 国外社会科学，2008(2)：69-74.
[85] 农业农村部新闻办公室.《中国数字乡村发展报告(2020年)》发布[EB/OL]. (2020-11-28)[2021-03-13]. http://www.moa.gov.cn/xw/zwdt/202011/t20201128_6357205.htm.
[86] 农业农村部.《2020全国县域数字农业农村发展水平评价报告》发布[EB/OL]. (2020-11-28)[2021-03-13]. http://www.moa.gov.cn/xw/zwdt/202011/t20201128_6357206.htm.
[87] 南县人民政府. 南县教育局转发《湖南省教育厅关于利用"一单式"信息系统加强全省教育扶贫工作的通知》的通知[EB/OL]. (2019-02-20)[2021-03-13]. http://www.nanxian.gov.cn/14366/14516/14799/14423/1483 3/content_571711.html.
[88] 全国农村中小学现代远程教育办公室. 架起通向未来的桥梁[M]. 北京：人民教育出版社，2009.
[89] 钱江晚报. 教育部和这家公司再签约，共同致力于提高学生的创新素养和信息素养[EB/OL]. (2020-04-29)[2021-03-13]. https://baijiahao.baidu.com/s?id=1665275440466214026&wfr=spider&for=pc.
[90] 任友群，冯仰存，徐峰. 我国教育信息化推进精准扶贫的行动方向与逻辑[J]. 现代远程教育研究，2017(4)：11-19+49.
[91] 任友群，郑旭东，冯仰存. 教育信息化：推进贫困县域教育精准扶贫的一种有效途径[J]. 中国远程教育，2017(5)：51-56.
[92] 任友群，吴旻瑜."十三五"贫困县域教育信息化的推进模式研究[J]. 中国电化教育，2017(1)：1-6+26.
[93] 人民日报海外网. 世界银行称8800万至1.15亿人将因疫情陷入极端贫困 外交部分享中国脱贫经验[EB/OL]. (2019-06-21)[2021-01-03]. https://baijia-

hao.baidu.com/s? id=1683867058866801467&wfr=spider&for=pc.

[94] 任友群，随晓筱，刘新阳.欧盟数字素养框架研究[J].现代远程教育研究，2014(5)：3-12.

[95] 任飞翔，刘德飞，吴若菡.信息化助推云南农村基础教育精准扶贫模式初探[J].云南开放大学学报，2018，20(1)：33-38.

[96] 人民网.数字教育资源覆盖各级各类教育[EB/OL].(2013-03-02)[2021-03-13]. http://www.people.com.cn/GB/24hour/n/2013/0302/c25408-20650691.html.

[97] 央视新闻客户端.2019 年全国教育经费执行情况统计公告发布 国家财政性教育经费占 GDP 比例连续 8 年超 4%[EB/OL].(2020-11-03)[2021-03-13]. https://www.sohu.com/a/429238837_115239.

[98] 沈费伟.教育信息化：实现农村教育精准扶贫的战略选择[J].中国电化教育，2018(12)：54-60.

[99] 孙众."互联网+"农村教师专业发展的协同互助机制[J].电化教育研究，2019，40(5)：104-110.

[100] 孙京京，吴浩，朱铭玥，等."互联网+"背景下县域教育扶贫的建设经验研究——以河南三门峡卢氏县为例[J].教育现代化，2019，6(45)：86-89.

[101] 沙桀民，瓦渣古都，吴小华.少数民族地区的教育扶贫模式创新——"云支教"初探——以凉山彝族自治州为例[J].智库时代，2020(3)：123-124.

[102] 搜狐网."大数据+教育"云报教育打造精准质量提升平台[EB/OL].(2018-07-03)[2021-03-13]. https://www.sohu.com/a/239116919_115092.

[103] 沈阳，田阳，曾海军.教育专网：助力中国教育信息化迈上新台阶——访中国工程院院士吴建平教授[J].电化教育研究，2020，41(3)：5-9+47.

[104] 唐智彬，胡媚，谭素美.比较视野中教育扶贫的国际经验与中国路径选择——基于主要国际组织和机构理念与行动的分析[J].比较教育研究，2019，41(4)：37-44.

[105] 汪三贵，郭子豪.论中国的精准扶贫[J].贵州社会科学，2015(5)：147-150.

[106] 王嘉毅，封清云，张金.教育与精准扶贫精准脱贫[J].教育研究，2016，37(7)：12-21.

[107] 王卫军，韩春玲，蒋双双.教育精准扶贫对教育信息化的价值求索[J].电化教育研究，2017，38(10)：57-61.

[108] 王文君，李艺华，王建明.信息技术视域下教育精准扶贫路径探析[J].电化教育研究，2017，38(11)：32-37.

[109] 吴秀圆.信息化促进教学点质量提升与师生发展研究[D].武汉：华中师范大学，2018.

[110] 王敏.英国《教育技术战略：释放技术在教育中的潜力》探析[J].世界教育信

息,2019,32(17):21-27.

[111] 王继新,施枫,吴秀圆."互联网+"教学点:新城镇化进程中的义务教育均衡发展实践[J]. 中国电化教育,2016,(1):86-94.

[112] 汪基德,冯永华."农远工程"的发展对我国基础教育信息化的启示[J]. 教育研究,2012,33(2):65-73.

[113] 王运武,洪俐,陈祎雯,等. 教育应急治理及教育治理现代化的困境、挑战与对策[J]. 中国电化教育,2020(12):63-68+98.

[114] 文燕银,陈琳,张高飞,等. 教育扶贫新阶段:精准扶智 2.0[J]. 现代远程教育研究,2020,32(5):52-59.

[115] 向磊,左明章,杨登峰,等. 信息化促进教育精准扶贫供给侧改革:作用机理与实施对策[J]. 中国电化教育,2019(10):61-66.

[116] 谢治菊,夏雍. 大数据精准帮扶贫困地区教师的实践逻辑——基于 Y 市"大数据+教师专业发展支持系统"的分析[J]. 现代远程教育研究,2019,31(5):85-95.

[117] 徐杉. 教育类公益传播阻隔代际贫困的路径探究[D]. 重庆:西南大学,2017.

[118] 西奥多·W·舒尔茨. 改造传统农业[M]. 梁小民,译. 北京:商务印书馆,2006.

[119] 西奥多·W·舒尔茨. 人力投资:人口质量经济学[M]. 贾湛,施伟,等译. 北京:华夏出版社,1990.

[120] 新华网. 新华社论习近平总书记在全国脱贫攻坚总结表彰大会重要讲话[EB/OL]. (2021-02-25)[2021-03-13]. http://news.hnr.cn/rmrtt/article/1/1364936447794221056.

[121] 袁利平,丁雅施. 教育扶贫政策实施效果评估指标体系构建[J]. 教育研究,2019,40(8):139-149.

[122] 央广网. 国家开放大学"一村一名大学生"计划荣获"联合国教科文组织教育信息化奖"[EB/OL]. (2021-04-07)[2021-04-15]. https://baijiahao.baidu.com/s?id=1696382642405858921&wfr=spider&for=pc.

[123] 央广网. 工信部:全国已建成 5G 基站达 19.8 万个[EB/OL]. (2020-05-04)[2021-03-13]. https://baijiahao.baidu.com/s?id=1665720182253866019&wfr=spider&for=pc.

[124] 羊城派. 工信部:我国已建成 5G 基站超 48 万个,连接终端超 1 亿[EB/OL]. (2020-09-07)[2021-03-13]. https://baijiahao.baidu.com/s?id=1677178692947208998&wfr=spider&for=pc.

[125] 张娜. 三大国际组织核心素养指标框架分析与启示[J]. 教育测量与评价,2017(7):42-49.

[126] 臧玲玲. 构建新的学习生态系统——OECD 学习框架 2030 述评与反思[J]. 比

较教育研究,2020,42(1):11-18+32.

[127] 张晓娟,吕立杰.精准扶贫背景下教学点教师远程培训路径探索——以 SPOC 引领式培训模式为支持[J].中国电化教育,2020(2):58-66.

[128] 张海珠,贾旭霞,靳琪,等."互联网+"时代乡村教师班级管理能力及素养的提升探究——基于乡村教师班级管理能力检核模型的构建[J].远程教育杂志,2019,37(2):102-112.

[129] 左明章,卢强.区域教育信息化协同推进机制创新与实践[J].中国电化教育,2017(1):91-98.

[130] 张忠义,李森林.清华大学远程教育扶贫实证研究[J].现代教育技术,2018,28(2):100-106.

[131] 张曼茵,李广德,夏冬梅.远程教育培养乡村振兴本土人才的先行探索——以教育部"一村一名大学生计划"为例[J].中国远程教育,2019(10):1-8+92.

[132] 中国青年报.教育扶贫斩"穷根"——全国教育系统脱贫攻坚综述[EB/OL].(2021-03-03)[2021-03-13]. https://news.eol.cn/jytp/news/202103/t20210303_2080262.shtml.

[133] 张烁.这张成绩单,有看点[N].人民日报,2019-02-27(012).

[134] 中央网信办,农业农村部,国家发展改革委,等.中央网信办等七部门联合印发《关于开展国家数字乡村试点工作的通知》[EB/OL].(2020-07-18)[2021-03-13]. http://www.gov.cn/xinwen/2020/07/18/content_5528 067.htm.

[135] 中国网信网.第 47 次《中国互联网络发展状况统计报告》[EB/OL].(2021-02-03)[2021-03-13]. http://www.cac.gov.cn/2021/02/03/c_1613923423079314.htm.

[136] 云南日报.云南省实施招生兜底推进教育精准扶贫[EB/OL].(2018-01-13)[2021-03-13]. http://www.gov.cn/xinwen/2018/01/13/content_5256209.htm.

[137] 中国教育网.教育部:2020 年度"智慧教育示范区"创建项目推荐遴选工作启动[EB/OL].(2020-11-05)[2021-03-13]. http://www.edu.cn/xxh/focus/zc/202011/t20201105_2030471.shtml.

[138] 国务院.我国中小学互联网接入率达 100%[EB/OL].(2021-04-25)[2021-04-26]. http://www.gov.cn/xinwen/2021/04/25/content_5602 090.htm.

[139] 中国青年报.教育部:52 个贫困县已实现学校网络全覆盖 99.7%的学校实现了百兆带宽[EB/OL].(2020-12-01)[2021-03-13]. https://baijiahao.baidu.com/s?id=1684847854337653084&wfr=spider&for=pc.

[140] 张志旻,赵世奎,任之光,等.共同体的界定、内涵及其生成——共同体研究综述[J].科学学与科学技术管理,2010,31(10):14-20.

[141] 张欣,范如涌,安宝生.中美基础教育信息化国家项目资金管理的政策分析[J].比较教育研究,2005(6):47-52.

[142] Barnett W S . Long-term cognitive and academic effects of early childhood education on children in poverty. [J]. Preventive Medicine, 1998, 27(2): 204-207.

[143] B Erzsébet, Goldthorpe J H . Decomposing 'Social Origins': The Effects of Parents' Class, Status, and Education on the Educational Attainment of Their Children[J]. European Sociological Review, 2013(5):1024-1039.

[144] Bramble W J . Distance Learning in Alaska's Rural Schools[J]. Learning Tomorrow Journal of the Apple Education Advisory Council, 1986:241-256.

[145] Barbour M . The Promise and the Reality: Exploring Virtual Schooling in Rural Juristictions[J]. Education in Rural Australia, 2011, 21(1):1-19.

[146] Checchi D , Ichino A , Rustichini A. More equal but less mobile? Education financing and intergenerational mobility in Italy and in the US[J]. Journal of Public Economics, 1999, 74(3):351-393.

[147] Galvin P . Sharing among Separately Organized School Districts: Promise and Pitfalls[J]. Case Studies, 1986:14.

[148] Hohlfeld A. T N, et al. An examination of seven years of technology integration in Florida schools: Through the lens of the Levels of Digital Divide in Schools[J]. Computers & Education, 2017, 113:135-161.

[149] Luna B , Michela B . The long - run effect of childhood poverty and the mediating role of education[J]. Journal of the Royal Statistical Society Series A (Statistics in Society), 2018, 182(1):37-68.

[150] Muhammad S , Zulham T , Sapha D , et al. Investigating the Public Spending and Economical Growth on the Poverty Reduction in Indonesia[J]. Industrial Engineering & Management Systems, 2019, 18(3):495-500.

[151] Murphy S . Participation and achievement in technology education: the impact of school location and socioeconomic status on senior secondary technology studies[J]. International Journal of Technology and Design Education, 2020; 30 (2): 349-366.

[152] Mcbride R O , Lewis G . Sharing the Resources: Electronic Outreach Programs[J]. journal for the education of the gifted, 1993, 16(4):372-386.

[153] Restuccia D , Urrutia C . Intergenerational Persistence of Earnings: The Role of Early and College Education[J]. The American Economic Review,2004,94(5):1354-1378.

[154] Thapa G . Rural Poverty Reduction Strategy for South Asia[J]. Working Papers, 2015:1-26.